HEID ELB ERG

Reisen mit MARCO POLO
Insider-Tipps

MARCO POLO
TOP-HIGHLIGHTS

ALTE BRÜCKE ⭐1

Die neunbogige Steinbrücke mit Stadttor, Standbildern und dem Brückenaffen bietet einen phantastischen Rundumblick.

📷 *Tipp: Von der Neuenheimer Seite gibt's die volle Postkartenperspektive auf Brücke, Altstadt und Schloss.*

➤ S. 30

BERGBAHN ⭐4

Einmal hoch und einmal runter: Zum Schloss, zur Molkenkur und zum Königstuhl bringt dich die historische Bergbahn.

➤ S. 33

ZUM RITTER ST. GEORG ⭐2

Das Gebäude aus dem Jahr 1592 gilt als das künstlerisch wertvollste historische Bürgerhaus der Stadt.

📷 *Tipp: Eng ist's hier! Mit der Weitwinkelfunktion bekommst du das Gebäude ganz aufs Foto.*

➤ S. 32

SCHLOSS ⭐5

So wohnten die Kurfürsten: Die imposante Residenz (Foto) kam erst als Ruine zu Weltruhm.

📷 *Tipp: Ein ruhigerer und ungewöhnlicherer Fotospot als der Schlossaltan ist die Scheffelterrasse im Schlossgarten.*

➤ S. 34

MARKTPLATZ ⭐3

Restaurants, Cafés, und jede Menge Sehenswürdigkeiten im Herzen der Altstadt (Foto). Im Winter gibt's hier Glühwein.

➤ S. 32

UNIVERSITÄTS-BIBLIOTHEK ⭐6

Die weltberühmte Bibliothek enthält wertvolle historische Schriften und ist auch optisch ein Highlight.

➤ S. 39

UNTERE STRASSE ⭐

Kreative Läden, gemütliche Cafés – und vor allem eine Bar neben der anderen: ein *place to be* bei Tag und Nacht.

📷 *Tipp: Vom Marktplatz kommend in die Straße hineinfotografieren. Kurz vor Sonnenuntergang ist das Licht am schönsten.*

➤ S. 40

HAUPTSTRASSE ⭐

Heidelbergs Shoppingmeile ist eine der längsten Fußgängerzonen Europas – Boutiquen und Kaufhäuser in friedlicher Koexistenz mit historischen Gebäuden.

➤ S. 42

KURPFÄLZISCHES MUSEUM ⭐

Im barocken Palais Morass findest du Schätze der Kurpfalz von der Frühgeschichte bis zum 20. Jh.

➤ S. 43

PHILOSOPHENWEG ⭐

Beim Flanieren hoch über der Stadt wandelst du auf den Spuren von Johann Wolfgang von Goethe und Mark Twain.

📷 *Tipp: Heidelberg von oben ablichten? Am Philosophengärtchen lohnt sich die Panoramafunktion!*

➤ S. 48, S. 109

INHALT

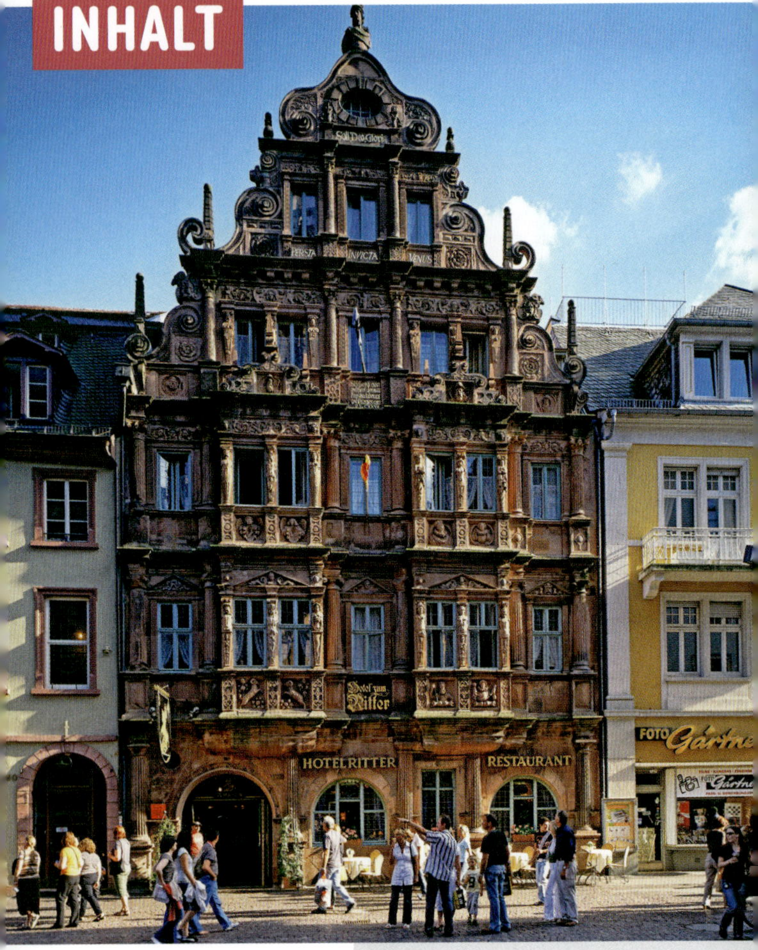

🕐 Besuch planen

€ – €€€ Preiskategorien

(*) Kostenpflichtige Telefonnummer

☔ Bei Regen

🌡 Bei Hitze

🦇 Low Budget

🎭 Mit Kindern

🚩 Typisch

(⧉ A2) Herausnehmbare Faltkarte
(⧉ a2) Zusatzkarte auf der Faltkarte
(0) Außerhalb des Faltkartenausschnitts

MARCO POLO

DIGITALE EXTRAS

Werde Teil unserer Reise-Community und folge uns auf **Instagram** und **Facebook!**

DIGITAL NOCH MEHR ERLEBEN

MARCO POLO

1 Website besuchen

2 Die digitale Welt von MARCO POLO entdecken

3 App runterladen und ab in den Urlaub

Alle Infos zum digitalen Angebot unter **marcopolo.de/app**

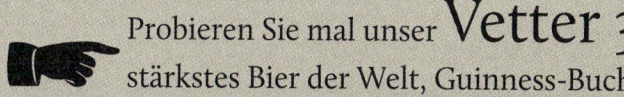

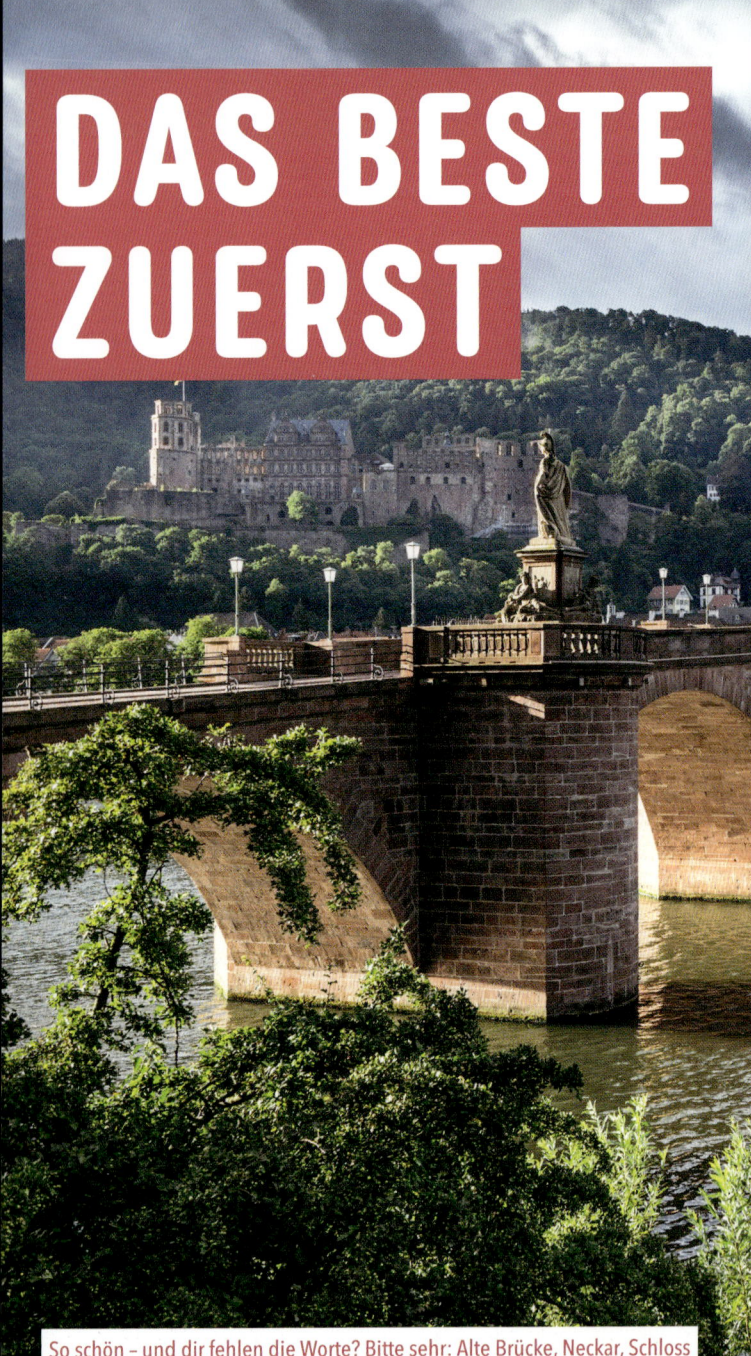

DAS BESTE ZUERST

So schön – und dir fehlen die Worte? Bitte sehr: Alte Brücke, Neckar, Schloss

SCHÖN, AUCH WENN ES REGNET

ALLES KURPFALZ

Die historischen Wohnräume im *Kurpfälzischen Museum* erzählen aus vier Jahrhunderten höfischen und bürgerlichen Lebens. Außerdem triffst du einen entfernten Verwandten, den Homo heidelbergensis. Na gut, nur seinen Unterkiefer. Okay, nur eine Kopie. Aber trotzdem!
➤ S. 43

FILM AB!

Anspruchsvolle Filme, oft auch in der Originalfassung und in einem unvergleichlichen Ambiente, bietet das kleine Programmkino *Gloria/Gloriette* in der Altstadt. An der Kasse gibt's das Popcorn stilecht aus der Popcornmaschine.
➤ S. 89

HOCH HINAUS

Austoben und Vollgas geben – das geht im Trampolinpark *Sprungbude* bei jedem Wetter. Ob beim Free Jump oder 3D-Völkerball: 80 Trampoline sorgen auch ohne Sonne für ausreichend Glückshormone.
➤ S. 95

STRAFE MUSSTE SEIN

Wer als Studiosus in früheren Zeiten etwas auf sich hielt, musste wenigstens eine Nacht im „Grand Hotel" oder im „Palais Royal" verbracht haben. Im *Studentenkarzer* siehst du noch heute die Originalkritzeleien der ehemaligen Insassen.
➤ S. 37

HOPFEN UND MALZ

Wie gut diese beiden Ingredienzen zusammenpassen, zeigt dir der Braumeister bei einer Führung im Gewölbekeller der *Kulturbrauerei* (Foto). Am Ende gibt's eine Bierprobe, was sonst! Im holzvertäfelten Gastraum kann man unter einem riesigen Kronleuchter deftig speisen.
➤ S. 85

BEST OF

LOW-BUDGET

FÜR DEN KLEINEN GELDBEUTEL

ES GRÜNT SO GRÜN

Tauch ein in eine überwältigende Pflanzenwelt aus tropischen und heimischen Gewächsen mit über 14 000 Arten – und das bei freiem Eintritt! Der 1593 gegründete *Botanische Garten* zählt zu den ältesten Anlagen seiner Art.
➤ S. 50

LEBEN UM 1900

Eintritt frei in ein Stück deutsche Geschichte: Wie lebte eine achtköpfige Handwerkerfamilie um die Wende zum 20. Jh. ohne elektrisches Licht und fließendes Wasser? Einen Eindruck davon erhält man, wenn man die steile Treppe im Hof der *Reichspräsident-Friedrich-Ebert-Gedenkstätte* hinaufsteigt (Foto).
➤ S. 41

LECKER ESSEN

Das kannst du in der preisgekrönten *Zeughaus-Mensa* im Marstall: Am Buf-fet stellst du dir dein Menü selbst zusammen, studentisches Flair und Biergartenatmosphäre gibt's gratis dazu.
➤ S. 67

EINE SCHIFFSFAHRT, DIE IST GÜNSTIG …

Die *Liselotte von der Pfalz* ist ein Fährschiff und deshalb preiswerter als klassische Ausflugsboote. Natürlich fährst du auch nicht so lange – dafür geht's mit Mittelmeerfeeling von A nach B. Und mit einer VRN-Tageskarte schippert man zum Kinderpreis.
➤ S. 118

AB AN DEN NECKAR

„Stadt an den Fluss" – das ist Motto und Ziel des Vereins *Neckarorte*. Alte Orte am Flussufer werden wiederbelebt, neue geschaffen und lebendig gestaltet. Am kostenlos zugänglichen Neckarstrand fühlst du dich im Sommer wie am Mittelmeer.
➤ S. 54

SPANNENDES FÜR GROSS & KLEIN

DER NATUR AUF DER SPUR

Im Heidelberger *Zoo* gibt es Elefanten, Löwen und einen großen Streichelzoo, und in der *Explo-Halle* gehen neugierige Forscher der Natur auf den Grund.
➤ S. 50

KLETTERFELSEN & SLACKLINES

Springen, Laufen, Balancieren: Die *Alla hopp!*-Anlagen der Dietmar-Hopp-Stiftung sind Bewegungs- und Beschäftigungsorte für Kinder und Erwachsene. Unbedingt hingehen!
➤ S. 51

SPIELSPASS AUF DEM KÖNIGSTUHL

Das *Märchenparadies* ist der Freizeitpark für Kinder auf Heidelbergs Hausberg. Mit der Bergbahn geht es am Schloss vorbei bis ganz nach oben ins Land von Schneewittchen und Zwerg Nase. Dort warten Drachenfahrt, Kletterburg, Trampoline und vieles mehr.
➤ S. 52

FLUGKÜNSTLER BESTAUNEN

Ein Uhu, verschiedene Falken und ein Adler freuen sich auf dem Königstuhl auf deinen Besuch. Die imposanten Greifvögel präsentieren ihre Flugkünste in der *Falknerei Tinnunculus* von April bis Oktober.
➤ S. 52

BÜHNE FÜR DIE KLEINSTEN

Das Kinder- und Jugendtheater im *Zwinger 1* hat Aufführungen auch für die Allerkleinsten ab zwei Jahren – inklusive spielerischer Nachbereitung mit allen Zuschauern auf der Bühne.
➤ S. 91

SCHLOSSGESPENST & KÖNIGSKINDER

Mal sind sie gruselig, mal lustig, mal geheimnisvoll: Die *Themenführungen im Schloss* für Kinder und Familien erwecken die Kurfürsten und ihren Hofstaat zum Leben.
➤ S. 36

BEST OF

TYPISCH

DAS ERLEBST DU NUR HIER

FÜRSTLICHE AUSSICHT

Heidelberg ohne Schloss geht nicht. Der Blick vom *Schlossaltan,* dem Balkon der Kurfürsten, ist einmalig und berührt Herz und Seele. Wer das nicht gesehen hat, war nicht in Heidelberg.

➤ S. 34

STUDENTENFUTTER

Sie sind schon ewig da: Heidelbergs älteste Studentenlokale, zu denen auch das Wirtshaus *Zum Seppl* zählt. In den Gasträumen – schummrig, urgemütlich und immer gut besucht – erlebst du auch heute noch feuchtfröhliche und gesellige Abende.

➤ S. 67

BRÜCKE ÜBER DEN NECKAR

Die *Alte Brücke* gehört zu Heidelberg wie das Schloss. Durch das Brückentor gelangt man von der anderen Flussseite herüber und ist sofort im Herzen der Heidelberger Altstadt.

➤ S. 30

BERGAUF UND BERGAB

Panorama-Alarm! Mit den historischen Wagen der Heidelberger *Bergbahn* (Foto) fährst du bis hinauf zum Königstuhl und genießt beste Sicht auf die Altstadt und den Neckar.

➤ S. 33

SHOPPING TRIFFT GESCHICHTE

Vielfältig und frisch sind Obst, Gemüse & Co. auf den Heidelberger *Wochenmärkten.* Ob in der Altstadt, vor der idyllischen Tiefburg oder in der quirligen Ladenburger Straße – hier gibt es alles, was die Region zu bieten hat.

➤ S. 75

ZART WIE EIN KUSS

Eine Schokoladenköstlichkeit, die an sittsame junge Mädchen und strenge Gouvernanten erinnert, aber auch an verwegene Studenten, die ihre Liebe mit dem *Heidelberger Studentenkuss* bekennen durften.

➤ S. 78

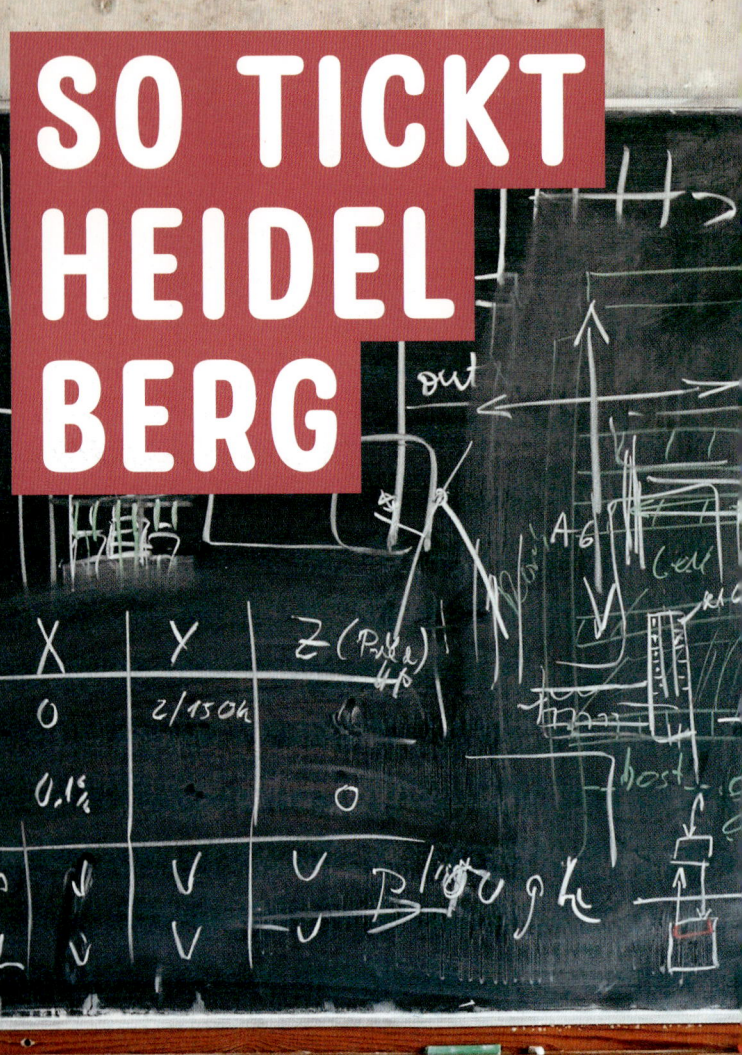

SO TICKT
HEIDEL
BERG

An der ältesten Uni Deutschlands gibt's etwas zu lernen. So weit alles klar?

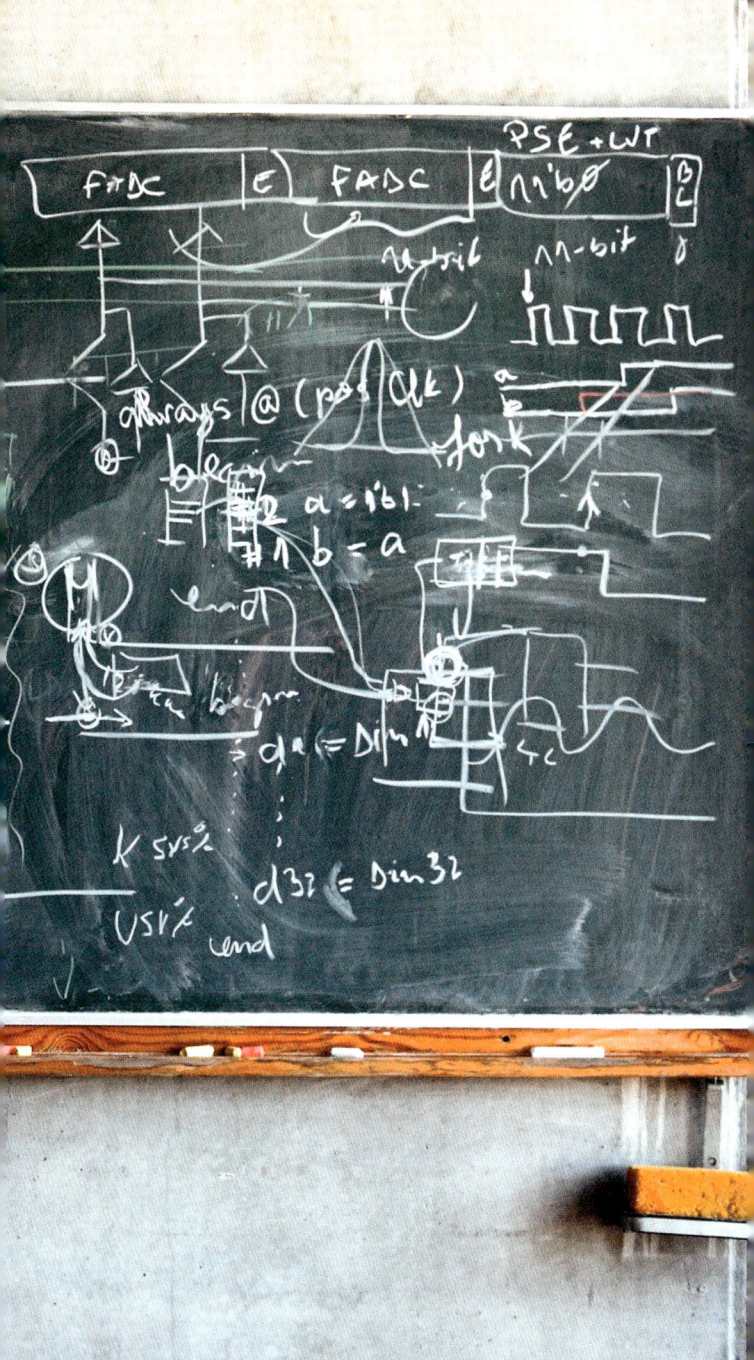

ENTDECKE HEIDELBERG

Chillen mit Flair: Studenten am Neckarufer, drüben leuchtet das Schloss

„Die Stadt in ihrer Lage und mit ihrer ganzen Umgebung hat etwas Ideales", sagte Johann Wolfgang von Goethe. Der alte Kosmopolit musste es wissen – ganze acht Mal war er in Heidelberg. Die schillernde Vergangenheit und die viel besungene Schönheit der Universitätsstadt ziehen seit Jahrhunderten Gelehrte, Künstler und Touristen aus aller Welt in ihren Bann.

STADT, LAND, FLUSS

Früh aufstehen lohnt sich, dann hast du die Sehenswürdigkeiten der Stadt erst einmal für dich. Das weltberühmte Panorama mit dem Schloss und der Alten Brücke über den Neckar wirkt im Morgenlicht fast schon zu romantisch, um wahr zu sein. Beim Cappuccino auf dem Marktplatz kannst du zusehen, wie die Stadt zum Leben erwacht. Bist du gut zu Fuß? Dann steht einem 1,6 km langen Ein-

1196 Das Fischerdorf *heidelberch* wird erstmals urkundlich erwähnt

1356 Ernennung Heidelbergs zur kurfürstlichen Residenzstadt

1386 Gründung der Heidelberger Universität durch Kurfürst Ruprecht I.

1518 Martin Luthers Heidelberger Disputation bereitet den Weg für die Ausbreitung der Reformation im Südwesten

1689 und 1693 Zerstörung von Stadt und Schloss durch die Franzosen im Pfälzischen Erbfolgekrieg

kaufsbummel quer durch die City nichts im Wege. So lang ist die Hauptstraße, eine der längsten Fußgängerzonen Europas. Wichtig sind flache, bequeme Schuhe, sonst killt dich das Kopfsteinpflaster. Die Uniklinik Heidelberg gehört zwar zu den besten der Welt – mehr Spaß macht es aber, sich mit gesunden Füßen auf der Neckarwiese zu erholen. Im Sommer dient sie als Stadtbalkon und ist der ideale Ort zum Sonnen, Spielen, Lesen, Grillen und Faulenzen. Generell ist es leicht, sich in der Innenstadt zu orientieren. Große Entfernungen gibt es hier nicht, und Neckar oder Schloss sind meistens in Sichtweite.

LUSTIGES (STUDENTEN-)LEBEN

Zu den rund 160 000 Einwohnern gehören auch die über 30 000 Studierenden an der Ruprecht-Karls-Universität, der ältesten Universität Deutschlands. Student in Heidelberg zu sein, war schon immer mit hohem Ansehen verbunden und ist es bis heute: Die Ruperto Carola zählt zu den Eliteuniversitäten Deutschlands. Bislang gingen elf Nobelpreise an Professoren der Heidelberger Universität. Dass man in der Stadt nicht nur gut studieren, sondern auch schön leben und ausgiebig feiern kann, zeigt sich bei einem Spaziergang durch die engen Seitengassen der Hauptstraße. Die Cafés, Weinstuben und Bars in der Unteren Straße, in der Steingasse und rund um den Marktplatz bilden eine bunte Kulisse für das entspannte Altstadtleben. Das Leben findet im Sommer draußen statt, und sähe man die Wipfel des Odenwalds über der Alten Brücke nicht – man könnte glatt meinen, man sei am Mittelmeer.

1720 Kurfürst Karl Philipp verlegt die Residenz der Kurpfalz nach Mannheim

1907 Der Unterkiefer des Homo heidelbergensis wird in Mauer gefunden

2012 Die ersten Bewohner ziehen in den Stadtteil Bahnstadt

2014 Heidelberg wird „Unesco City of Literature"

2020 Corona-Krise

2022 Die „neue Südstadt" auf ehemals militärisch genutzten Flächen wird fertiggestellt

LICHT UND SCHATTEN IN DER KURPFALZ

Heidelberg hat eine bewegte Geschichte, doch über die Anfänge der Stadt weiß man nur wenig. Relevanz erlangte der Fischerort *heidelberch* erst im 14. Jh. mit der Ernennung zur kurfürstlichen Residenzstadt und mit der Gründung der Universität: Die erste Vorlesung fand 1386 vor 500 Studenten statt. Jahrhundertelang sonnte sich Heidelberg im Glanz der Kurfürsten von der Pfalz – daher auch die Regionenbezeichnung: Kurpfalz. Das Schloss am Fuß des Königstuhls diente als Residenz für einen der prunkvollsten Höfe Deutschlands. Dunkle Zeiten brachte der Pfälzer Erbfolgekrieg im 17. Jh., als die Franzosen Stadt und Schloss fast dem Erdboden gleichmachten. Nur das Haus Zum Ritter St. Georg und die Heiliggeistkirche überlebten – weil sie aus Stein gebaut waren.

Nachdem das Schloss geplündert, in Brand gesteckt und gesprengt worden war, wurde es nie mehr ganz aufgebaut. Doch gerade dieser Umstand verhalf ihm später zu seinem Ruf als berühmteste Ruine der Welt. Heute ist das Heidelberger Schloss nach Neuschwanstein das meistbesuchte historische Bauwerk Deutschlands. Im 18. Jh. wurde Heidelberg zwar wiederaufgebaut, unzählige Schmuckstücke aus der Renaissancezeit waren jedoch für immer verloren. Dass dann auch noch Kurfürst Karl Philipp die Residenz der Kurpfalz ins benachbarte Mannheim verlegte, bedeutete einen weiteren herben Verlust für die Bedeutung der Stadt. Ein wenig beleidigt sind die Heidelberger deshalb bis heute.

DEM FREIEN GEIST – NATÜRLICH HEIDELBERG

In Heidelberg wurde schon immer viel gedacht und, wenn es nötig war, auch revolutioniert. Martin Luthers Heidelberger Disputation sorgte für die Verbreitung der Reformation im Südwesten, die Märzrevolution ab 1848 machte die Stadt zu einer Hochburg der Liberalen, die wilden 1968er-Jahre trieben die Studierenden auf die Straße. Heute werden vor allem der Dialog zwischen Wirtschaft und Wissenschaft sowie der internationale Austausch gefördert – jeder fünfte Student kommt aus dem Ausland. Die Kunstdenkmäler, denen man überall in Heidelberg und im Kurpfälzischen Museum begegnet, erzählen vom großen kulturellen Erbe der Stadt: Seit Jahrhunderten ist sie Heimat für Kultur und Wissenschaft, seit 2014 „Unesco City of Literature". Auch bei den Themen Ökologie, Nachhaltigkeit und Fair Trade hat Heidelberg die Nase vorn. Zahlreiche Preise konnte die Stadt für ihr Umweltengagement bereits gewinnen, das Fahrrad ist das beliebteste Fortbewegungsmittel, gewählt wird hier vor allem grün.

So kitschig es klingen mag: Dem Zauber Heidelbergs kann sich niemand entziehen! Ganz gleich, auf welche Weise du die Stadt kennenlernst: allein oder mit professioneller Führung, zur frühen Morgenstunde auf dem Schloss, nachts auf Kneipentour durch die Untere Straße oder während der Frühlingsblüte auf dem Philosophenweg – am Ende wirst du hierbleiben wollen!

AUF EINEN BLICK

160.000
Einwohner

Davon über 30.000 Studierende

39,7 JAHRE

Durchschnittsalter
Jüngste Stadt Deutschlands
(Berlin: 42,7 Jahre)

70 %
Grünfläche

Trotzdem kennen viele Heidelberger nur die Neckarwiese

160–430
Gänse

Auf der Neckarwiese, je nach Jahreszeit und Fortpflanzungsbedürfnis

SONNENSTUNDEN PRO TAG

CA. 4,9

Einer der sonnigsten Orte Deutschlands

222.000 LITER

GROSSES FASS

Im Schloss zu sehen: das größte Weinfass, das je befüllt war

LEBENSQUALITÄT

PLATZ 2

Bei ZDF-Studie 2018 in deutschen Städten (nach München)

BELIEBTESTE SCHLOSSRUINE DER WELT

1,2 Mio. Besucher pro Jahr
(Schloss Neuschwanstein: ca. 1,5 Mio.)

1

„Kurfürstenkugel" vom Café Gundel ersetzt eine Mahlzeit

FAHRRÄDER
pro Einwohner:
gefühlt mindestens zwei

BAHNSTADT
DIE WOHL GRÖSSTE PASSIVHAUSSIEDLUNG DER WELT

HEIDELBERG VERSTEHEN

GESTATTEN? BAHNSTADT!

Willkommen in Heidelbergs neuestem Stadtteil! Bis vor zehn Jahren tummelten sich hier zwischen alten Gleisanlagen und dem ehemaligen Schlachthof noch die Eidechsen. Inzwischen sind auf dem ehemaligen Gelände des alten Güterbahnhofs Wohnungen für fast 5000 Menschen, ein internationaler Forschungscampus und Büro- und Gewerberäume entstanden.

Wohnen, Arbeiten und Kultur auf engstem Raum zu vereinen lautet das Ziel. Außerdem ist die Bahnstadt eines der größten Stadtentwicklungsprojekte Deutschlands und die größte Passivhaussiedlung Europas. Mittelfristig ist die hundertprozentige Versorgung der Bahnstadt aus regenerativen Energien geplant. Neben den umgebauten Lagerhallen *(Halle 02)* ist ein riesiges Areal entstanden, mit 👥 Rasenflächen, einem Spiel- und Basketballplatz, einer Boulebahn und zwei Volleyballfeldern – und sogar Hollywoodschaukeln.

DIE STRASSE DES GRAUENS

Willkommen in der Hölle! Okay, zumindest in der unbeliebtesten Straße Heidelbergs, der Plöck. Seit die Hauptstraße für den Verkehr gesperrt wurde, herrscht auf ihrer Rückseite Anarchie. Hier kämpfen Fußgänger, Rad- und Autofahrer um ihren Platz in einer schmalen, 800 m langen Welt aus Asphalt. Nur der härteste Adrenalinjunkie überlebt. Jeder blickte schon dem Tod ins Auge – wenn man den Geschichten der Heidelberger glaubt. Dabei ist die Plöck so viel mehr als nur das Schattenmonster der Hauptstraße! Zum einen ist sie älter, denn sie diente schon im 14. Jh. als Verbindungsweg zwischen Bergheim und der Peterskirche. Und zum anderen gibt's hier viele kleine Familienbetriebe. Der *Heidelberger Zuckerladen* im Haus Nr. 52 ist ganz sicher der bekannteste.

AFFENTHEATER

Einst Wahrzeichen der Stadt war der Brückenaffe, der Spott über die Neuankömmlinge in Heidelberg und Warnungen über unerwünschte Besucher wie Landstreicher ausschüttete. Die von Professor Gernot Rumpf geschaffene Bronzeskulptur an der Alten Brücke ist eine Nachbildung des während des Pfälzer Erbfolgekriegs im 17. Jh. verschwundenen Affen an anderer Stelle. Sie hält den Passanten den Spiegel vor und regt mit dem danebenstehenden Spottgedicht zum Nachdenken an. Demjenigen, der sich ihm von der anderen Seite nähert, streckt er frech sein blankes Hinterteil entgegen.

STOLZE ALTE DAME

Die Universität *Heidelbööörg* hat einen Ruf in der Welt. Die älteste Uni Deutschlands zählt über 30 000 Studierende in 170 Studienfächern aus zwölf Fakultäten und beschäftigt 13 500 Mitarbeiter. Außerdem ist sie

Alles neu auf alten Gleisen: Passivhaussiedlung in der Bahnstadt

eine der elf Eliteuniversitäten in Deutschland. In der Exzellenzinitiative des Bundes und der Länder setzte sie sich mehrfach durch, im QS World University Ranking ist die Ruperto Carola die drittbeste deutsche Hochschule.

HÄ(ÄÄ)?!

In Heidelberg klingt die Welt anders, nämlich kurpfälzisch. Die „Sproch", eine bildhafte, laute und manchmal auch etwas derbe Sprache, ist ein rheinfränkischer Dialekt – für Auswärtige und oftmals auch für Menschen, die schon länger hier leben, ein Sammelsurium von Wörtern, die ins Ohr, aber nicht in den Kopf gehen wollen. Doch der Kurpfälzer „schwätzt so, wie ihm der Schnawwel gewachse is", und denkt nicht im Traum daran, irgend-

welche Zugeständnisse ans Hochdeutsche zu machen.

Zur besseren Verständigung sei nur so viel gesagt: Der sehr häufig gehörte Ausruf „Alla" ist freundlich gemeint und bedeutet „Mach's gut, tschüss". Wird er jedoch ungehalten und mit einem warnenden Unterton ausgespuckt, solltest du schleunigst das Weite suchen.

OPA WAR EIN HEIDELBERGER

In der Nähe von Heidelberg ereignete sich am 21. Oktober 1907 etwas, das den kleinen Ort Mauer innerhalb kurzer Zeit berühmt machte: Ein Arbeiter stieß bei Grabungen in der Sandgrube von Grafenrain auf einen fossilen menschlichen Unterkiefer. Der sehr gut erhaltene Kiefer hat dem Homo heidelbergensis gehört, einer

Stammform aller europäischen Menschen. Sein Alter wird auf 560 000 bis 710 000 Jahre geschätzt – er ist demzufolge eines der ältesten Zeugnisse für die Präsenz des Menschen in Europa. Das Original ist im Museum für Geologie zu sehen, eine Kopie gibt's im Kurpfälzischen Museum.

DIE HABEN JA 'NEN VOGEL!

Siehst du plötzlich grüne Papageien? Keine Sorge, das letzte Bier gestern war nicht schlecht – in Heidelberg flattern die Vögel tatsächlich zu Hunderten durch die Gegend! Wissenschaftler vermuten, dass ihre Vorfahren aus Käfigen entflohen sind. Alexander der Große brachte die Halsbandsittiche vor mehr als 2000 Jahren aus Asien nach Griechenland. Seit Ende der 1970er-Jahre leben sie im Rhein-Neckar-Raum.

Mit ihren laut krächzenden Stimmen gehören die Sittiche zum Sound von Heidelberg. Aus allen Stadtteilen fliegen die knallgrünen Vögel in der Abenddämmerung zu den großen Platanen am Hauptbahnhof. Dort verbringen sie gemeinsam die Nacht, um sich am nächsten Morgen wieder über die Stadt zu verteilen.

PRINZESSIN NIMMERSATT

Etwas derbe und verfressen, das war Liselotte von der Pfalz, die Prinzessin. Das „Bärenkätzchenaffengesicht", wie ihr Vater Kurfürst Karl Ludwig sie gern nannte, verbrachte ihre Mädchenjahre im Heidelberger Schloss. Dort genoss sie zwar eine höfische Erziehung, doch fruchtete diese nicht besonders, was eine Anekdote belegt: Liselotte aß für ihr Leben gern Specksalat, und zwar auch nachts, wenn es niemand

Safari in der Steinzeit: Vertreter der Gattung Homo heidelbergensis auf Elefantenjagd

sah – einmal erwischte der Kurfürst sie mit einem „fettglänzenden Maul" in ihrem Zimmer, wo sie die Pfälzer Köstlichkeit versteckt hatte.

Obwohl sie mit ihrer Zwangsverheiratung 1671 zu einer der ranghöchsten Damen am französischen Hof avancierte, war ihr die höfische Etikette ein Graus. Und so hinderte ihr Stand die gebildete und selbstbewusste Prinzessin nicht daran, unbekümmert und in kraftvoll-unverblümter Sprache das Leben, die Affären und Intrigen am Hof des Sonnenkönigs zu kommentieren – in rund 60 000 Briefen, von denen etwa 6000 erhalten geblieben sind.

AUF ARZTBESUCH

Sie kommen aus Saudi-Arabien, Katar oder Kuwait – nein, nicht gewöhnliche Urlauber, sondern Medizintouristen!

KLISCHEE KISTE

ALLES FÜR DIE TOURIS!

Wer sich im Sommer in der Altstadt aufhält, könnte das meinen. Von Souvenirläden bis zu Trachtengeschäften (um auch das letzte Deutschlandklischee zu bedienen) ist für Besucher der Tisch gedeckt. Aber: In der Off-Season prägen Studierende das Stadtbild. Und: Heidelberg lebt schon seit Jahrhunderten mit den Touris. Johann Wolfgang von Goethe und Mark Twain kamen als Touristen und gingen als Freunde. Hier hat man Verständnis dafür, dass auch andere sich an der Schönheit der Stadt erfreuen – natürlich nur, solange sie keine Wohnung suchen.

FEIERN BIS IN DIE PUPPEN?

Natürlich wird in einer Studentenstadt mehr gefeiert als in einem Kurort im Bayerischen Wald. Das Klischee vom allzeit trinkbereiten Studenten, der selten vor zwölf Uhr mittags das Bett verlässt, ist jedoch spätestens seit der Umstellung auf Bachelor- und Master-Studiengänge überholt. Die hat den Stresspegel deutlich in die Höhe getrieben, und immer mehr Studierende nutzen ihre Zeit lieber zum Lernen als zum Feiern. Die wilden Jahre sind also vorbei – auch wenn ein Samstagabend in der Unteren Straße einen anderen Eindruck erwecken mag …

Krebs, genetische Erberkrankungen und orthopädische Fehlstellungen.

TATSÄCHLICH, LIEBE!

Die schlechte Nachricht zuerst: Baumelnde Liebesschlösser am Geländer der Alten Brücke landen im Schrank des Tiefbauamts. Die gute: Heidelberg wäre nicht die Stadt der Romantik, gäbe es keinen sicheren Ort für deine Liebe! Um die Alte Brücke zu schonen, hat die Stadt einen „Liebesstein" aufgestellt, an dessen Metallringen bereits mehrere Hundert Schlösser hängen. Der tonnenschwere Koloss thront an der Nordseite der Brücke, unterhalb der Nepomuk-Terrasse. Die Mitte des Odenwälder Buntsandsteins ziert ein Gedicht von Joseph von Eichendorff.

INSIDER-TIPP
Ein Stein für die Liebe

Herzenssache und sooo romantisch: bunte Metallschlösser am „Liebesstein"

Pro Jahr lassen sich rund 3000 internationale Patienten in Heidelberg behandeln. Die Uniklinik hat sogar speziell für diese Gäste ein eigenes Internationales Büro eingerichtet. Gemeinsam mit der Heidelberg Marketing GmbH kümmert sich das Büro auch um Dolmetscher, Unterkünfte und das touristische Programm für die Angehörigen – inklusive Shoppingtouren.

Um das Geschäft anzukurbeln, informieren Hochglanzbroschüren auf Englisch, Arabisch und Russisch über einen Aufenthalt. Kooperierende Hotels müssen mindestens vier Sterne haben, denn ohne Luxus geht hier nichts! Behandelt werden vor allem

Aber der Dichter war natürlich nicht der Einzige, der der malerischen Stadt am Neckar verfiel. Im 19. Jh. zog es zahlreiche Künstler nach Heidelberg. Maler wie Carl Rottmann, Ernst Fries oder Carl Philipp Fohr drückten ihre Gefühle mit Farbe und Pinsel aus. Ihre Bilder sind im Kurpfälzischen Museum zu sehen. Clemens Brentano griff zur Feder. Er steht stellvertretend für viele Dichterkollegen, wenn er schreibt: „Komme in dies schöne Land, es ist hier schön, unbegreiflich schön!"

DER WEG DER TOTEN DICHTER

Ja, deine Waden brennen. „Wäre ich doch im Café geblieben", denkst du dir. Und kämpfst weiter. Aber dann! Plötzlich siehst du Heidelberg, schön wie auf einer Postkarte. Im Scheinwerferlicht: Altstadt, Neckar, Schloss und Königstuhl. Zum Glück bist du hier hochgestiegen!

Der Philosophenweg schlängelt sich jetzt etwa 2 km waagerecht den Hang des Heiligenbergs entlang. Aus den ehemaligen Weinbergen sind verwilderte Gärten geworden. Auf dieser Klimainsel, die zu den wärmsten Stellen Deutschlands zählt, gedeihen die Exoten: Japanische Wollmispel, Arizona-Zypresse, Spanischer Ginster, Zitrone und Granatapfel. Einst wandelten hier Dichter und Denker wie Goethe und Hegel. So kam der Weg zu seinem Namen.

Zwei Wege führen hoch: Gemächlicher läuft's sich von Neuenheim aus in die Bergstraße, von der aus der Philosophenweg abzweigt (Schild). Stramme Waden folgen dem Schlangenweg, der am nördlichen Neckarufer am Ende der alten Brücke steil nach oben führt.

DENKER UND TÜFTLER

So viele kluge Köpfe in einer Stadt! Heidelberg ist Sitz der Akademie der Wissenschaften und eines der wichtigsten Zentren von Forschung und Entwicklung in Deutschland.

Große Bedeutung kommt der Grundlagenforschung auf dem Umwelt- und Energiesektor zu. Weitere Forschungsschwerpunkte sind (Molekular-)Biologie, Biochemie, Medizin, Gentechnik, Geowissenschaften, Maschinenbau, Elektrotechnik und Informatik. Der langjährige Vorstandsvorsitzende des Deutschen Krebsforschungszentrums (DKFZ), Professor Harald zur Hausen, erhielt 2009 den Nobelpreis für Medizin. Hinzu kommen die Max-Planck-Gesellschaft mit vier Instituten und das Europäische Laboratorium für Molekularbiologie (EMBL).

Heidelberg verfügt außerdem über einen Technologiepark mit einem aktiven Netzwerk von Wissenschaft und Wirtschaft in der Biotechnologie. Weltweit einmalig ist das Heidelberger Ionenstrahl-Therapiezentrum (HIT). Beliebt ist das *Haus der Astronomie* auf dem Königstuhl, das die Faszination der Himmelskunde vermitteln will.

HEIDELBERG, MEINE HOOD

Yo, was fällt dir zu Heidelberg ein? Romantik? Uni? Beides richtig. Wie sieht's aus mit Hip-Hop-Hochburg? Yep, das hättest du nicht gedacht! Heidelberg gilt als die Wiege der deutschsprachigen Hip-Hop-Kultur. Torch, Advanced Chemistry, Stieber Twins oder Toni L. gelten als die Wegbereiter deutschsprachiger Rapmusik. Prägend war dabei auch die Stationierung der Amerikaner. Mit ihnen battelten sich die Heidelberger Pioniere in den US-Siedlungen. Damals waren Rappen, Breakdancen und Sprayen noch Sache des Untergrunds. Das änderte sich, als in den 1990er-Jahren die Fantastischen Vier aus Stuttgart mit dem ersten Deutschrap die Charts crashten. Es folgte jede Menge Beef, weil die Heidelberger den Fantas Kommerz vorwarfen.

Seit geraumer Zeit plant die Stadt ein Hip-Hop-Archiv, mittlerweile wird sogar über ein größeres Museum diskutiert. Aber städtische Mühlen mahlen langsam …

SIGHT SEEING

Heidelberg in ein paar Stunden? Dass das möglich ist, beweisen Reisegruppen jeden Tag: raus aus dem Bus, rauf aufs Schloss, kurz zur Alten Brücke und weiter nach Mainz, Köln oder Paris. Der wahre Charme der Stadt erschließt sich so natürlich nicht. Was Dichter, Maler und Philosophen zu allen Zeiten begeisterte, verlangt einfach nach etwas Zeit und Muße.

Die Altstadt unterteilt sich in den unteren, westlichen Teil – vom Bismarck- bis zum Universitätsplatz („unne") – und den oberen, östlichen Teil mit dem historischen Stadtkern („owwe"). Wenn du den

Dir ist plötzlich so romantisch? Keine Frage, das macht der Ausblick vom Schloss

Schnelldurchlauf bevorzugst, solltest du dich auf den oberen Bereich konzentrieren. Neben der Alten Brücke und dem berühmten Schloss prägt dort vor allem die Universität das Stadtbild.

Hast du genügend Zeit? Dann lohnt sich ein Ausflug in die benachbarten Stadtteile: in das schicke Neuenheim oder das alte, beschauliche Handschuhsheim, ins wiederentdeckte Bergheim oder in die Weststadt mit ihren prächtigen Bürgerhäusern. Auch die Bahnstadt – ein brandneuer Stadtteil, der vor allem junge (gut verdienende) Familien anzieht – ist einen Spaziergang wert.

DIE STADTVIERTEL IM ÜBERBLICK

HANDSCHUHSHEIM

HANDSCHUHSHEIM/ NEUENHEIM S. 48

Halb Dorf, halb Stadt und die schicksten Villen weit und breit

NEUENHEIMER FELD

Im Neuenheimer Feld

Hofmeisterstraße

Kirschnerstraße

NEUENHEIM

Andreas Hofer Weg

Berliner Straße

Furtwänglerstr.

Zeppelinstraße

Rottmannstr.

Steubenstraße

Bachstraße

Blumenthalstraße

Quinckestr.

Keplerstraße

Moltkestraße

Wilckensstraße

Mönchhofstraße

Schröderstraße

Ladenburger Straße

Humboldtstraße

Berliner Straße

Im Neuenheimer Feld

Jahnstraße

Uferstraße

Burgstraße

Dossenheimer Landstraße

3

Vangerowstraße

Iqbal-Ufer

Schurmanstraße

BERGHEIM

Bergheimer Straße

Bergheimer Straße

Mittermaierstr.

37

BERGHEIM/ WESTSTADT S. 45

Tschüss, Industrie – hallo, Szene: Wo sich Heidelberg verändert

Heidelberg Hauptbahnhof

Czernyring

BAHNSTADT

Langer Anger

Speyerer Straße

Rudolf-Diesel-

Straße

Carl-Benz-Str.

Kirchheimer Weg

Kurfürsten-Anlage

Kurfürsten-Anlage

Bahnhofstraße

Ringstraße

Lessingstraße

Zähringer-

Czernyring

Hebelstraße

Römerstraße

Blumenstraße

WESTSTADT

straße

straße

Rohrbacher Straße

★ **ALTE BRÜCKE**
Eigentlich heißt sie ja Karl-Theodor-Brücke, aber kaum jemand nennt sie so ➤ S. 30

★ **ZUM RITTER ST. GEORG**
Renaissancebaukunst und ein echter Widerständler: Das historische Bürgerhaus glänzt mit seiner eleganten Fassade ➤ S. 32

★ **MARKTPLATZ**
Altstadttrubel zwischen Heiliggeistkirche und Rathaus, Renaissance und Barock ➤ S. 32

★ **BERGBAHN**
Modernste Bergbahn Deutschlands und gleichzeitig älteste elektrisch betriebene Standseilbahn ➤ S. 33

★ **SCHLOSS**
Eine der berühmtesten Ruinen der Welt ➤ S. 34

★ **STUDENTENKARZER**
Relikt aus der Zeit, als böse Buben im „Grand Palais" nächtigen durften ➤ S. 37

★ **UNIVERSITÄTSBIBLIOTHEK**
Schriften der Bibliotheca Palatina und die Manessische Liederhandschrift ➤ S. 39

★ **UNTERE STRASSE**
Partymeile der Stadt, tagsüber schön zum Bummeln ➤ S. 40

★ **HAUPTSTRASSE**
An dieser Heidelberger Straße führt kein Weg vorbei ➤ S. 42

★ **KURPFÄLZISCHES MUSEUM**
Kultur und Kunst aus der Region von der Urzeit bis zur Moderne ➤ S. 43

★ **PHILOSOPHENWEG**
Diesen Postkartenblick musst du dir erwandern ➤ S. 48

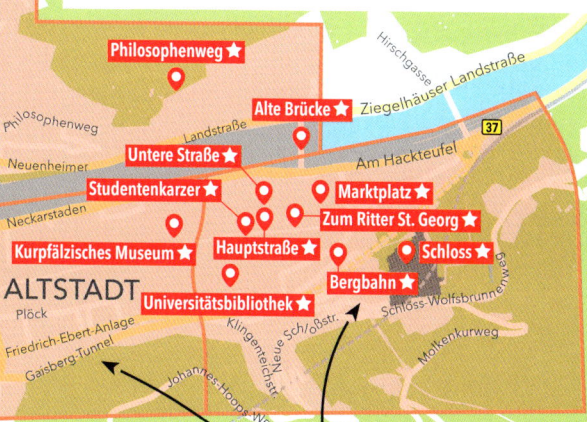

Philosophenweg ★

Alte Brücke ★

Untere Straße ★

Studentenkarzer ★

Marktplatz ★

Zum Ritter St. Georg ★

Kurpfälzisches Museum ★

Hauptstraße ★

Schloss ★

Bergbahn ★

Universitätsbibliothek ★

ALTSTADT

WESTLICHE ALTSTADT S. 42
Shopping, bis die Karte glüht – und ein bisschen Kultur

ÖSTLICHE ALTSTADT S. 30
Touris, Studenten und Altstadttrubel – das klassische Heidelberg

500 m
547 yd

ÖSTLICHE ALTSTADT

Hast du schon einmal eine Postkarte von Heidelberg gesehen? Dann weißt du, was dich hier erwartet – der historische Teil der Altstadt mit all den Sehenswürdigkeiten, für die Heidelberg berühmt ist.

Das Schloss, die Universität, die Alte Brücke … Und obwohl die Franzosen im Pfälzischen Erbfolgekrieg 1688–97 die Stadt gründlich niederbrannten, finden sich hier und da sogar Überbleibsel aus dem mittelalterlichen Heidelberg. Der faszinierende Mix aus altehrwürdiger Architektur, studentischem Flair und trubeligem Alltagsleben fühlt sich an wie eine rasante Reise durch die Jahrhunderte. Kleiner

WOHIN ZUERST?

Universitätsplatz (*G4*)**:** Der Platz ist idealer Ausgangspunkt und mit den Buslinien 30–32 gut zu erreichen. Die Einfahrt zu einer öffentlichen Tiefgarage befindet sich um die Ecke gegenüber der Peterskirche in der Plöck, der Ausgang führt direkt zum Universitätsplatz. Am Löwenbrunnen, direkt vor der Alten Aula, beginnen auch die meisten Gästeführungen. Die bekanntesten Sehenswürdigkeiten der Stadt, von der Alten Brücke bis zum Heidelberger Schloss, liegen in der Nähe und sind alle bequem zu Fuß zu erkunden.

Nachteil: Viele Tausend andere Besucher finden das genauso spannend.

1 ALTE BRÜCKE ★ 🚩

„Die Brücke zeigt sich von hier aus in einer Schönheit wie vielleicht keine Brücke der Welt …", mutmaßte Johann Wolfgang von Goethe 1797, als er sie zum ersten Mal sah. Stimmt – eigentlich hätte sie die drei Standbilder, allesamt Kopien, gar nicht nötig, um ihre ureigene Schönheit zu zeigen. Das Ensemble von Brücke und dazugehörigem Tor war, ist und bleibt ein Highlight! Die Karl-Theodor-Brücke, wie sie offiziell heißt, wurde schon neunmal aufgebaut, zuletzt 1788.

Von acht Pfeilern getragen, ist die heutige Version erstmals ganz aus Stein. Der Barockfürst Karl Theodor ließ sie errichten, wofür er ein Standbild auf der Brücke erhielt, das gute Nachbarschaft mit der Pallas-Athene-Statue pflegt. Im richtigen Leben allerdings war die Freundschaft des Kurfürsten mit der Göttin der Künste und der Wissenschaft weniger fruchtbar: Unter seiner Regentschaft (1742–99) büßte die Heidelberger Universität viel an Bedeutung ein. Durch den letzten Brückenbau musste das Standbild des Brückenheiligen Johannes von Nepomuk auf den nördlichen Brückenkopf ausweichen. Das doppeltürmige Brückentor ist seit dem Spätmittelalter in seiner Grundform erhalten. Die Türme dienten ehemals als Kerker sowie als Wohnort des Brückenwächters. *Linie 34 Alte Brücke Nord, Linie 35 Alte Brücke |* *H3*

Kopfsteingepflasterte Gassen führen zur Heiliggeistkirche am Marktplatz

2 HEILIGGEISTKIRCHE

Außer dem Hotel *Zum Ritter* ist der gotische Kirchenbau am Marktplatz das einzige Gebäude der Stadt, das von den Zerstörungen während des Pfälzischen Erbfolgekriegs verschont blieb. In der ersten Hälfte des 15. Jhs. erbaut, erfüllte das Gotteshaus religiöse und weltliche Funktionen: Grablege der Kurfürsten, katholische, dann evangelische Pfarrkirche, Festsaal der Universität und Aufbewahrungsort der einstmals bedeutendsten europäischen Büchersammlung, der Bibliotheca Palatina. Der Bücherschatz wurde auf den Emporen aufbewahrt, was die eigentümliche Breite der beiden Seitenschiffe und die enge Form des Kirchenschiffs erklärt. Im Dreißigjährigen Krieg wurde die Bibliothek Beute der katholischen Liga und ging 1623 als Geschenk an den Papst.

Wie heftig Heidelberg in Spätmittelalter und beginnender Neuzeit in den Bann von Religionsstreitigkeiten gezogen wurde, zeigte bis 1936 eine Trennmauer, die die Kirche in eine katholische und eine evangelische Hälfte teilte. Der anstrengende Aufstieg auf den Kirchturm wird mit einer besonderen Perspektive auf die Altstadt belohnt. Einen spannenden Einblick in den Alltag im Mittelalter bietet die Außenmauer der Kirche: Neben den Verkaufsnischen sind Brezeln verschiedener Größe in den Stein graviert. Mit ihrer Hilfe konnten Käufer prüfen, ob ihre Brezel dem gültigen Mindestmaß entsprach.

INSIDER-TIPP
Keine Tricksereien!

Die Brezelsuche funktioniert am besten bei geschlossenen Verkaufsständen! *Besichtigung tgl. 11–17 Uhr, Gottesdienste So 11 Uhr | Hauptstr. 189 | Linie 20, 33 Rathaus/Bergbahn, Linie 35 Alte Brücke |* 🕮 *H3*

3 ZUM RITTER ST. GEORG ⭐

Mit seiner eleganten steinernen Renaissancefassade, den Säulen und kunstvoll gemeißelten Fensterblöcken ist der „Ritter" das nach dem Schloss meistfotografierte Gebäude in Heidelberg. Der Namensgeber St. Georg steht – als Nachbildung des 1870 abgestürzten Originals – ganz oben am Giebel. Im Jahr 1592 ließen der Tuchhändler Charles Belier und seine Ehefrau Francina das Haus errichten, das heute ein Hotel beherbergt. Als das schönste und künstlerisch wertvollste historische Bürgerhaus der Stadt steht der „Ritter" unter Denkmalschutz. *Hauptstr. 178 | Linie 33 Rathaus/Bergbahn |* 🕮 *H3*

4 MARKTPLATZ ⭐

Wer ist der Schönste in der ganzen Stadt: der Marktplatz oder der Universitätsplatz? Ersterer punktet mit dem *Rathaus* und der *Heiliggeistkirche* sowie mit den prächtigen Fassaden des *Ritters (Hauptstr. 178)* und der barockzeitlichen *Alten Hofapotheke (Hauptstr. 190)*. Bei einem Kaffee neben dem *Herkulesbrunnen* genießt man die geschlossene Harmonie des Raums. Rathaus und Heiliggeistkirche tauchen den Marktplatz bei spätem Sonnenschein in ein ganz besonders schönes Licht. Ihr roter Sandstein ist das Merkmal der großen Heidelberger Bauten. Einen Steinwurf entfernt erinnern das *Palais Graimberg (Kornmarkt 5,* heute städtische Behörde) und das *Palais Boisserée (Hauptstr. 207–209,* heute Germanistisches Seminar) an wichtige Persönlichkeiten der Stadtgeschichte. Graf Charles de Graimberg wird von den Lokalhistorikern als „Retter des Schlosses und eigentlicher Gründer des Kurpfälzischen Museums" geehrt. Seine private Historiensammlung bildete den Grundstock des heute interessantesten Museums der Stadt. *Linie 20, 33 Rathaus/Bergbahn, Linie 35 Alte Brücke |* 🕮 *H3*

5 KARLSTOR

Woran erkennst du, dass du es geschafft hast? Wenn dir deine Stadt ein riesiges Steintor baut! Das Karlstor wurde 1775–81 als Huldigung der Stadtväter an Kurfürst Karl Theodor nach dem Vorbild eines römischen Ehrentors errichtet. Zu Bauzeiten war dieser Triumphbogen den Heidelberger Bürgern jedoch ein Dorn im Auge, denn sie bezahlten damit die Ehrung jenes Kurfürsten, der in Mannheim – später in München – residierte und so die Bedeutung Heidelbergs erheblich schmälerte.

Im benachbarten *Karlstorbahnhof* stehen die Signale seit 1996 immer auf Abfahrt. Es sind allerdings keine Züge, denen diese Weisung gilt – hier fahren die Gäste des Kulturzentrums abends auf Musik, Theater und Film ab. Neben dem Tor liegt das Stauwehr mit Schleuse und *Wehrsteg* über den Neckar. *Linie 30, 33, 35 S-Bahnhof Altstadt |* 🕮 *H3*

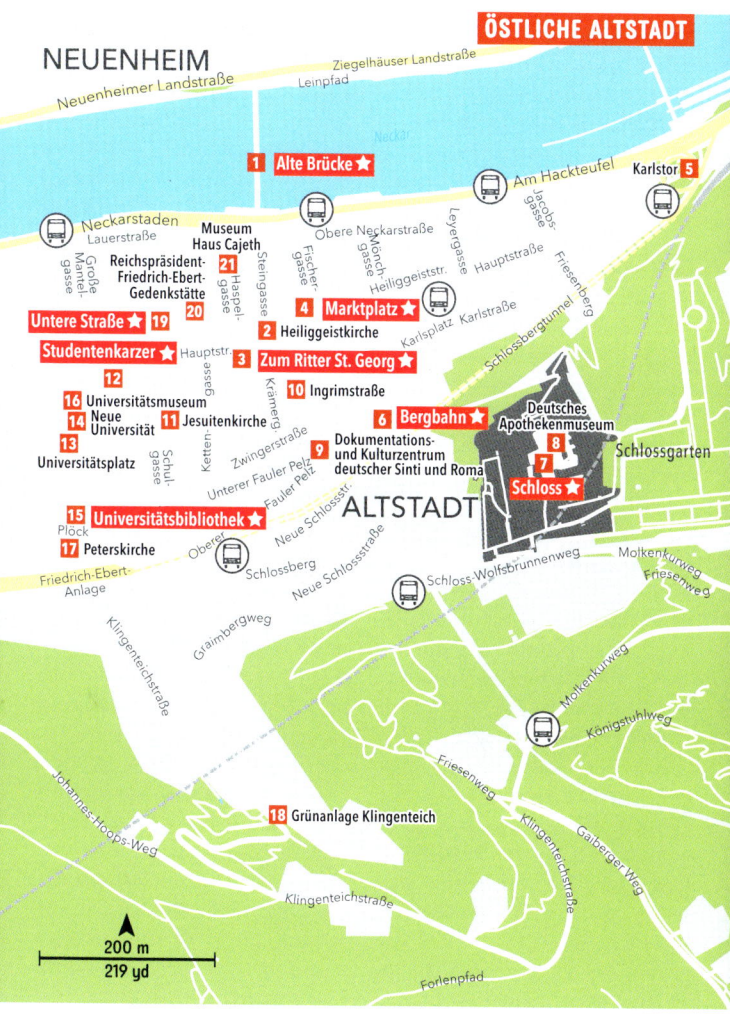

ÖSTLICHE ALTSTADT

NEUENHEIM

Neuenheimer Landstraße
Ziegelhäuser Landstraße
Leinpfad

Neckar

1 Alte Brücke ★

Am Hackteufel
Karlstor **5**

Neckarstaden
Lauerstraße
Große Mantel-gasse
Reichspräsident-Friedrich-Ebert-Gedenkstätte **21**
Museum Haus Cajeth
Obere Neckarstraße
Fischer-gasse
Mönch-gasse
Jacobs-gasse
Leyergasse
Hauptstraße
Friesenberg

20
Haspel-gasse
Steingasse
Heiliggeiststr.

19 Untere Straße ★
4 Marktplatz ★
2 Heiliggeistkirche
Karlsplatz
Karlstraße
Schlossbergtunnel

12 Studentenkarzer ★
Hauptstr.
3 Zum Ritter St. Georg ★
10 Ingrimstraße

16 Universitätsmuseum
14 Neue Universität
13
11 Jesuitenkirche
Kramergasse
6 Bergbahn ★
Deutsches Apothekenmuseum
8
Schlossgarten

Universitätsplatz
Schul-gasse
Ketten-gasse
Zwingerstraße
Unterer Fauler Pelz
9 Dokumentations- und Kulturzentrum deutscher Sinti und Roma
7
Schloss ★

15 Universitätsbibliothek ★
Plöck
17 Peterskirche
Oberer Fauler Pelz
Schlossberg
Neue Schlossstraße
ALTSTADT

Friedrich-Ebert-Anlage
Neue Schlossstraße
Schloss-Wolfsbrunnenweg
Molkenkurweg
Friesenweg

Graimbergweg
Klingenteichstraße

Königstuhlweg

Friesenweg
Molkenkurweg
Galgbergerweg
Klingenteichstraße

18 Grünanlage Klingenteich

Johannes-Hoops-Weg
Klingenteichstraße
Forlenpfad

200 m
219 yd

6 BERGBAHN ★ ⚑

Zum Glück gibt es die Bergbahn: Wenn deine Füße schmerzen und du einfach nur schauen und genießen möchtest, bietet sich eine Fahrt auf den Heidelberger Hausberg, den Königstuhl (568 m) an. Der Blick von oben auf die Stadt ist phänomenal! Die beiden historischen Wagen, die zwischen Molkenkur und Königstuhl verkehren, wurden vor einigen Jahren vollständig restauriert – so blieb ein wahres Kleinod Heidelbergs erhalten. Heute treffen hier zwei Superlative aufeinander: Die Bahnen im unteren Bereich gelten als modernste Bergbahn Deutschlands, die obere Strecke wird von der ältesten elektrisch betriebenen Standseilbahn befahren. Die Talstation befindet sich am Kornmarkt. *bergbahn-heidelberg.de* | 🗺 *H–J 4–5*

7 SCHLOSS ★

Dreimal im Jahr, wenn sich die Dunkelheit über die Stadt legt, tunkt ein bengalisches Feuer die Schlossruine in ein grelles, glühendes Rot. Rauchschwaden steigen in die Luft, es knallt und pfeift fast wie in einem Kanonenfeuer. Das ist genau so gewollt, schließlich erinnert die Heidelberger Schlossbeleuchtung an die Zerstörung des Schlosses durch die Franzosen im 17. Jh. Wenn das „Feuer" langsam verblasst, beginnt der eigentliche Teil der Schlossbeleuchtung: Ein Feuerwerk sprüht spektakuläre Farben in den Himmel über der Alten Brücke. Ein solches Feuerwerk ließ Kurfürst Friedrich V. 1613 erstmals inszenieren, um seine frisch angetraute Gemahlin Elizabeth Stuart standesgemäß zu begrüßen. Dies war der Anfang einer Tradition über die Jahrhunderte – eine Zeit, in der das Schloss unsichere Zeiten überstehen musste.

Aufbau, Zerstörung und teilweise Rekonstruktion – Schloss und Schlossgarten erlebten eine wechselvolle Geschichte. An dem unterschiedlich gestalteten Gemäuer lässt sich ablesen, dass hier verschiedene Baumeister und Bauherren wirkten. Der Aufbau von Wehr und Residenz begann um das Jahr 1400 und endete 1619 mit dem Beginn des Dreißigjährigen Kriegs. Berühmtheit erlangte das Schloss allerdings erst als Ruine, zu der es im Orléansschen Erbfolgekrieg verkam. Dem Sonnenkönig Ludwig XIV. gefiel die Pfalz so gut, dass er sie Frankreich kurzerhand einverleiben wollte. Von ihm gehegte Erbansprüche, die sich mit der nach Frankreich verheirateten Liselotte von der Pfalz verbanden, versuchten französische Truppen militärisch durchzusetzen. Sie fielen mehrfach in Heidelberg ein und machten es dabei dem Erdboden gleich. Das Schloss blieb beim Wiederaufbau der Stadt im 17. und 18. Jh. unberücksichtigt. Zwar machten die Kurfürsten zaghafte Versuche der Restaurierung, doch dann gerieten sie mit ihren Bürgern in heftigen Streit, ob die Stadt evangelisch oder katholisch werden sollte. Schließlich zogen sie beleidigt nach Mannheim und residierten fortan dort. Nun waren die Heidelberger beleidigt – manch einer behauptet, sie seien es bis heute.

Das Schloss mit seinen ausgebrannten und zerborstenen Türmen und Palästen entwickelte sich dennoch zu einem Besuchermagneten – seit dem 19. Jh. zieht die Ruine Touristen aus aller Welt in ihren Bann. Auf keinen Fall darfst du den ⚑ *Schlossaltan* versäumen, den „Balkon der Kurfürsten": Postkartenblick de luxe!

Schon von der Stadt aus wirst du die Fassade des 1601–04 errichteten *Friedrichsbaus* bewundert haben, die einzige gestaltete Außenfassade des Schlosses, das ansonsten eher von inneren Werten lebt. Im Piano nobile ist eine Präsentation von Tafelsilber zu besichtigen (nur im Rahmen einer

Berühmte Ruine und Sinnbild der Romantik: das Heidelberger Schloss

Schlossführung). Die wertvollen Stücke gehörten zu den mehr als 300 Geschenken zur goldenen Hochzeit des Großherzogs Friedrich und seiner Gemahlin Luise im Jahr 1906. Eine schmale Brücke führt in den Innenhof. Im Osten ließ Kurfürst Otto Heinrich den nach ihm benannten *Otthein-richsbau* errichten. Die Innenhoffassade gilt als mustergültiges Beispiel deutscher Renaissancebaukunst. Im Norden schließt sich der 1546 fertiggestellte *Gläserne Saalbau* an, benannt nach dem Fest- und Spiegelsaal im ersten Geschoss, mit Bauelementen der Gotik und der Renaissance. Neben dem Friedrichsbau liegt in einem kleinen Keller das sagenumwobene, 250 Jahre alte *Große Fass.* Man sieht gleich, dass dieser Raum nicht für den 221 726 l fassenden Bottich gebaut wurde (so viel kann ja auch keiner trinken!), sondern für kleinere

Vorgänger. Das älteste Gebäude der Schlossanlage ist der schmucklose *Ruprechtsbau* (15. Jh.) im Westen des Hofs. Ein Bibliotheksbau verbindet ihn mit dem *Frauenzimmerbau,* wo heute im Königssaal Empfänge und Aufführungen stattfinden.

Der *Schlossgarten,* unter Kurfürst Friedrich V. als „Hortus Palatinus" (Garten der Pfalz) angelegt, hatte durch den Dreißigjährigen Krieg leider wenig Zeit zu glänzen. Fast noch schöner als am Tag zeigen sich heute Schloss und Garten bei einem Abendspaziergang. Vielleicht triffst du dann auch die heimlichen Schlossbewohner: Die Ruine ist nämlich ein bedeutendes Fledermausquartier. Jedes Jahr im Herbst fliegen Hunderte von ihnen in die alten Gemäuer und suchen sich ihre Stelle für den Winterschlaf. Jedes Tier hat seine ganz persönliche Ritze. Um die stark bedrohten Tiere nicht zu

Noch bis ins 20. Jh. mussten Studenten, die Unfug trieben, im Karzer ihre Strafe absitzen

stören, verbot die Stadt sogar den beliebten Schlossweihnachtsmarkt – zu viele Fledermäuse waren zuvor durch den Lärm gestorben. *Schlosshof tgl. 8–18 Uhr, Schlossgarten Tag und Nacht zugänglich | Schlossführungen im Sommer tgl. 10–16 Uhr, im Winter Mo–Fr 11, 12, 14 und 16, Sa, So 11–16 Uhr | 👥 Themenführungen auch für Familien und Kinder | Schlossticket (Schlosshof, Fasskeller, Apothekenmuseum und Bergbahnfahrt) 8 Euro | Tel. 06221 65 88 80 | schloss-heidelberg. de | Bergbahn Station Schloss | ⏱ 1–3 Std. | 🗺 H4*

8 DEUTSCHES APOTHEKENMUSEUM

Das Apothekenmuseum hat im Heidelberger Schloss sein Domizil. Die Eingangstür unter der Freitreppe des Ottheinrichsbaus führt direkt in die Gewölbe der ehemaligen Schlossküche. Hier sind neben der alten Arzneimittelsammlung die vielen Apothekengefäße und Geräte aus der Zeit ausgestellt, als Pillen und heilsame Elixiere noch von der kundigen Hand des Apothekers hergestellt wurden. *April–Okt. tgl. 10–18, Nov.–März 10–17.30 Uhr | Führungen nach Vereinbarung | Schlossticket (Apothekenmuseum, Schlosshof, Großes Fass und Bergbahnfahrt) 8 Euro | Schlosshof 1 | Tel. 06221 2 58 80 | deutsches-apotheken-museum.de | Bergbahn Station Schloss | ⏱ 1 Std. | 🗺 H4*

9 DOKUMENTATIONS- UND KULTURZENTRUM DEUTSCHER SINTI UND ROMA

Die in Europa einzigartige Einrichtung dokumentiert in mehreren Ausstellungen die über 600-jährige Geschichte der Sinti und Roma in Deutschland. Zentrale Themen sind die Verfolgung und Ermordung in der Zeit des Nationalsozialismus, aber auch die kulturellen Beiträge der Sinti und Roma, zum Beispiel in der Literatur, Malerei oder Musik. Umfangreiches Veranstaltungsprogramm (Vorträge, Filmvorführungen, Konzerte, Exkursionen). *Di 9.30–19.45, Mi–Fr 9–16.30, Sa, So 11–16.30 Uhr (an Feiertagen geschl.) | ✆ Eintritt frei | Bremeneckgasse 2 | Tel. 06221 98 11 02 | sintiundroma.de | Linie 20, 33 Rathaus/Bergbahn | ⏱ 1 ½ Std. | ⊞ H4*

🔟 INGRIMSTRASSE

Die Ingrimstraße durchkreuzt ein Stück der Altstadt. Namen wie Oberbadgasse und Mittelbadgasse erinnern an die mittelalterliche Badekultur in Heidelberg. Zu den Bewohnern von Floringasse und Ingrimstraße gehört Klaus Staeck, der freche Plakatmaler und langjährige Präsident der Akademie der Künste, mit *Staeck's Galerie (Hausnr. 3).* Bekannt wurde Staeck durch seine politisch-satirischen Werke. Seine Arbeiten, für die er mit dem August-Bebel-Preis ausgezeichnet wurde, umfassen ca. 300 Plakate und zahlreiche Fotos. Ein paar kleine Antiquariate und der Jazzkeller *Cave 54* passen hier gut ins Bild. *Linie 20, 33 Rathaus/Bergbahn | ⊞ H4*

1️⃣1️⃣ JESUITENKIRCHE

In der Innenstadt fast abseits und deshalb in angenehmer Stille liegt die Jesuitenkirche, das größte katholische Gotteshaus der Stadt, umgeben von anderen großen Jesuitenbauten wie dem ehemaligen Collegium Carolinum und dem ehemaligen Jesuitengymnasium. Die Baugeschichte der Kirche seit der Grundsteinlegung 1711 ist von Veränderungen geprägt. Als der Turm 1872 vollendet war, erlitt das barocke Kirchenschiff eine pompöse Neugestaltung, die in späteren Restaurierungen nicht nur zurückgenommen, sondern ins Gegenteil verkehrt wurde. Heute macht genau dieser Kontrast den Reiz der Kirche aus: In dem barocken Bau verbirgt sich ein heller, luftiger und moderner Ort. Highlight von Dezember bis Anfang Februar: Die realistische Weihnachtskrippe, die mit kunstvoll und teils schrill gestalteten Puppen auf aktuelle Missstände aufmerksam macht – und dabei auch die katholische Kirche nicht verschont. *Richard-Hauser-Platz | Linie 30–32 Universitätsplatz | ⊞ H4*

INSIDER-TIPP
Nicht bei jedem beliebt ...

1️⃣2️⃣ STUDENTENKARZER ⭐ 🎏

Wenn Heidelberger Studenten bis Anfang des 20. Jhs. vorgaben, im „Sanssouci", „Palais Royal" oder gar im „Grand Hotel" zu übernachten, dann handelte es sich unzweifelhaft um eine Zelle im Studentenkarzer, einem Studentengefängnis. Nach blutigen Raufereien, Einbrüchen in Gärten und Weinbergen drohte bis 1914 ein Arrest zwischen drei Tagen und vier Wochen – allerdings durften die Studenten ihre Vorlesungen besuchen. *April–Okt. tgl. 10–18 Uhr, Nov.–März Mo–Sa 10–16 Uhr (in den Weihnachtsferien geschl.) | Kombiticket (Studentenkarzer, Alte Aula und Universitäts-*

museum) 3 Euro | Augustinergasse 2 |
heidelberg-marketing.de | Linie 30–32
Universitätsplatz | ⏱ *30 Min. |* 📖 *H4*

🔢 UNIVERSITÄTSPLATZ

Auf den Terrassenstühlen, wo früher ein großes Tor den Eingang in die Stadt markierte, herrscht im Sommer Hochbetrieb. Kein Wunder, von hier aus gibt es viel zu entdecken. Vor allem beim Eintreten in die *Alte Aula* in der ersten Etage des Barockgebäudes der Alten Universität bleibt dir wahrscheinlich die Spucke weg. Ein Gänsehautmoment! Hier weht einem noch immer der akademische Geist entgegen. Überall siehst du Bildnisse und Büsten von Gründern und Förderern der Universität und ihren wichtigsten Gelehrten. Wie das ganze Gebäude diente die Aula einst der Lehre. Heute ist sie der Hauptrepräsentationsraum der Universität. Interessant sind auch das *Universitätsmuseum* und das östliche angebaute *Pedellenhaus* mit dem *Studentenkarzer.* An der Südseite des Platzes thront die *Neue Universität* – ein sachlicher Bau, der ab 1931 dank einer millionenschweren Spende von Amerikanern dringend benötigte Hörsaalkapazitäten schuf.

Malerisch wirkt der kleine Innenhof, der die Neue Universität mit dem *Hexenturm* (Teil der alten Stadtmauer) verbindet. Am Ausgang steht an der *Seminarstr. 2* das *Collegium Academicum,* für viele das schönste Barockgebäude der Stadt. Die dreiflügelige Anlage entstand 1750 als Jesuitenkonvikt. Im 19. Jh. diente es nacheinander als Irrenanstalt, Klinik und Kaserne. Nach dem Zweiten Weltkrieg

Akademischer Geist und ehrwürdige Atmosphäre in der Aula der Alten Universität

sollte es als selbst verwaltetes Studentenwohnheim zur „demokratischen Umerziehung der deutschen Jugend" beitragen. Das bunte Leben im „C. A." mit Theaterbühne, Musikkeller und linkspolitischen Diskussionszirkeln missfiel der Universitätsleitung seinerzeit schon lange, weshalb das Gebäude 1978 für die Universitätsverwaltung frei gemacht wurde. Ein modernes Collegium Academicum entsteht derzeit übrigens auf der Konversionsfläche „US-Hospital" im Stadtteil Rohrbach. An der Ecke zur Grabengasse steht die *Universitätsbibliothek* als prunkvoller roter Sandsteinbau. *Linie 30–32 Universitätsplatz* | ▥ *G4*

🔢 NEUE UNIVERSITÄT

Der Name *Neue Universität* als Sammelbegriff für die Bebauung des zentralen Universitätsplatzes trifft nur auf das Vorlesungsgebäude zu, das 1930/31 am Universitätsplatz errichtet wurde. Ansonsten besteht der ganze Komplex rund um den Universitätsplatz aus historischer Bausubstanz. Besonders sehenswert sind die *Alte Universität* und der angebaute *Studentenkarzer,* der *Hexenturm* als Teil der ehemaligen Stadtmauer, das Barockgebäude *Collegium Academicum (Seminarstr. 2)* und die *Universitätsbibliothek. uni-heidelberg.de* | *Linie 30–32 Universitätsplatz* | ▥ *H4*

🔢 UNIVERSITÄTSBIBLIOTHEK ⭐

Erker, Giebel, Bekrönungen und Türme charakterisieren die Fassade des Bibliotheksgebäudes. Der eigenwillige Bau wurde 1905 von Josef Durm entworfen. Achtung: Lass dich nicht von der schweren Eingangstür erschlagen!

Die Universitätsbibliothek Heidelberg zählt mit über 2,5 Mio. Bänden zu den berühmten Bibliotheken der Welt. Sie bewahrt die deutschen Handschriften der Bibliotheca Palatina auf und besitzt Kopien der gesamten Handschriftenbestände dieser alten, heute im Vatikan befindlichen Bibliothek. Der Raub der Bibliotheca Palatina, im Mittelalter Europas bedeutendste Büchersammlung, war ein einschneidendes Ereignis: 1622/23 wurden aus allen möglichen Bibliotheken Heidelbergs 3600 Handschriften und fast 13 000 gedruckte Bücher beschlagnahmt und nach Rom geschafft. Nach dem Sturz Napoleons erhielt Heidelberg einen Teil der Bibliotheca Palatina mit 847 deutschen, 26 grie-

chischen und 17 lateinischen Handschriften zurück. Mit der Manessischen Liederhandschrift, die 1888 wieder in den Besitz der Universität gelangte, verfügt die Bibliothek über das wertvollste Zeugnis der hochmittelalterlichen Buchkunst in Deutschland. Im Skriptorium wird die Herstellung von Pergament, Tinten und Farben im Mittelalter dokumentiert. *Ausleihe Mo–Fr 9–22, Sa 9–17 Uhr, Lesesaal bis 1 Uhr | Eintritt frei | Plöck 107–109 | ub.uni-heidelberg.de | Linie 30–32 Universitätsplatz |* ○ *30 Min. |* ▭ *G4*

16 UNIVERSITÄTSMUSEUM

600 Jahre Universitätsgeschichte, da gibt es einiges zu erzählen. Im Erdgeschoss der Alten Uni wird genau das getan: Von der Gründung 1386 über die Heidelberger Romantik und die Weimarer Republik, durch den Zweiten Weltkrieg und die 68er-Studentenproteste bis ins interkulturelle Unigeschehen im 21. Jh. – nach einem Besuch im Universitätsmuseum verstehst du diese Stadt noch ein bisschen besser. *April–Okt. Di–So 10–18 Uhr, Nov.–März Di–Sa 10–16 Uhr | Kombiticket (Universitätsmuseum, Alte Aula und Studentenkarzer) 3 Euro | Alte Universität | Grabengasse 1 | uniheidelberg.de | Linie 30–32 Universitätsplatz |* ○ *1–2 Std. |* ▭ *G4*

17 PETERSKIRCHE

Die Pfarrkirche (Universitätskirche) der Heidelberger Altstadt ist sogar älter als Heidelberg selbst – sie wurde noch vor der Stadtgründung 1220 gebaut. Damals lag sie außen an der Stadtmauer (Grabengasse). Der mittelalterliche kleine Kirchhof und die um 1490 neugotisch erneuerte Kirche selbst galten bis ins 19. Jh. als vornehme Begräbnisstätten. Noch heute erinnern an den Innen- und Außenwänden der Kirche insgesamt rund 150 Grabdenkmäler an Universitätsprofessoren und kurfürstliche Hofleute. Eine Ehrentafel ist der Humanistin Olympia Fulvia Morata gewidmet. Die italienische Wissenschaftlerin galt als eine der hochgebildeten Frauen ihrer Zeit; sie starb 1555. *April–Okt. Mo–Fr 11–17, So 11–13.45 Uhr, Gottesdienste So 10 Uhr | Plöck 70 | Linie 20, 30–33 Peterskirche |* ▭ *G4*

18 GRÜNANLAGE KLINGENTEICH

Ein verborgenes Idyll: die einzige Heidelberger Grünanlage mit einem Wasserfall. Die Anlage, die schon Ende des 19. Jhs. bestand, lädt mit verschiedenen Sitzgelegenheiten und einer Aussichtsterrasse zum Luftholen und Entspannen ein. **INSIDER-TIPP** **Zeit für eine Pause** Besonders im Sommer findest du hier ein schönes Plätzchen für ein Picknick. *Klingenteichstraße | Linie 20, 30–33 Peterskirche |* ▭ *H4*

19 UNTERE STRASSE ★

Achtung, festhalten: Du betrittst das Partyzentrum der Stadt. Jede Wette, wenn du hier nachts vorbeischneist, spuckt dich die Straße alkoholisiert wieder aus. Die Bars liegen hier aufgereiht wie an einer Perlenschnur. Sehr praktisch, denn so muss man seinen Körper immer nur wenige Meter schleppen, wenn man weiterzieht.

INSIDER-TIPP
Einfach bummeln

Aber auch tagsüber ist die kleine Straße ein *place to be.* Hier gibt's schnuckelige, kreative Boutiquen und gemütliche Cafés. Um die Ecke, in der Pfaffengasse 18, erinnert die *Friedrich-Ebert-Gedenkstätte* an den ersten deutschen Reichspräsidenten. *Linie 30–32 Universitätsplatz, Linie 35 Alte Brücke | ⌂ H3*

20 REICHSPRÄSIDENT-FRIEDRICH-EBERT-GEDENKSTÄTTE

Mitten in Heidelbergs Altstadt verbrachte Friedrich Ebert (1871–1925), der erste demokratisch gewählte deutsche Reichspräsident, die ersten 17 Jahre seines Lebens. Sein Geburtshaus ist heute Teil der nationalen Gedenkstätte, die sein Leben und Wirken dokumentiert. Über eine schmale Stiege gelangt man in die kleine Wohnung, in der einst – ohne elektrisches Licht und fließendes Wasser – die Familie Ebert mit acht Personen lebte und tagsüber noch die Schneidergehilfen des Vaters arbeiteten. In zehn Ausstellungsräumen im Hinterhaus vermitteln zahlreiche Dokumente einen eindrucksvollen Rückblick auf das Leben und die politischen Ereignisse um 1900 wie auch auf die Anfangsjahre der Weimarer Republik. Diese wurde von Ebert, der sich zeitlebens als Anwalt der kleinen Leute verstand, entscheidend mitgeprägt. *April–Okt. Di–Fr 9–18, Sa, So 10–18 Uhr, Nov.–März 9–17, Sa, So 10–17 Uhr | Führungen nach Voranmeldung | Eintritt frei | Pfaffengasse 8 | Tel. 06221 9 10 70 | ebert-gedenkstaette.de | Linie 35 Alte Brücke | ⊙ 1 ½ Std. | ⌂ H3*

Untere Straße am Nachmittag: Erfrischungspause in der Sonne

21 MUSEUM HAUS CAJETH

Ein Museum für „Primitive Kunst im 20. Jahrhundert"? Das klingt erst mal ungewöhnlich, und das ist es auch. Den Hintergrund der Ausstellung erklärt der Untertitel: „Art of Outsiders". Die hier gezeigten Bilder stammen von Menschen, die nie den Anspruch hatten, sich Künstler zu nennen – die meisten von ihnen griffen erst im Alter zu Stift und Pinsel. Ihre Werke sind größtenteils keiner Stilrichtung zuzuordnen, und gerade das macht sie so interessant und besonders. *Mo–Sa 11–17 Uhr | Eintritt 4 Euro | Haspelgasse 12 | cajeth.de | Linie 30–32 Universitätsplatz | ⊙ 1 Std. | ⌂ H3*

WESTLICHE ALTSTADT

Der „untere" Teil der Heidelberger Altstadt beginnt am Bismarckplatz, der die Grenze zu Bergheim darstellt.

Ein wichtiger Treffpunkt ist die im Volksmund „Spaghettisäule" genannte Brunnenplastik von 1985 (in der Nähe des Eingangs zu Galeria Kaufhof) – Wasser läuft keines mehr, aber das ist kein Hinderungsgrund. Vom Bismarckplatz folgst du der trubeligen Fußgängerzone bis zum Universitätsplatz; dort endet die westliche Altstadt.

22 HAUPTSTRASSE ★

Heidelberg kann sich rühmen, eine der längsten Fußgängerzonen Europas zu besitzen. Sie ist 1,6 km lang und erstreckt sich vom Bismarckplatz bis zum Rathaus, heißt schlicht Hauptstraße und ist es auch. Historisch muss die Hauptstraße dieses Prädikat allerdings mit der Unteren Straße teilen. Kaufhäuser, Barockbauten und Renaissancefassaden, Boutiquen und schöne Cafés: Die Fußgängerzone ist ein bunter Mix aus allem, was eine Innenstadt attraktiv macht. Extrem hohe Mieten sorgen jedoch dafür, dass es für Einzelhändler immer schwieriger wird, sich zu behaupten. Die zunehmende „Entindividualisierung" sorgt für viel Unmut in der Stadt. Die Alte Universität und der Universitätsplatz teilen diesen Straßenzug für Einheimische in die „untere Hauptstraße" (Bismarckplatz bis Universitätsplatz) und die „obere Hauptstraße" (Universitätsplatz bis Karlstor). Im oberen Teil liegen unter anderem der *Marktplatz* mit der Heiliggeistkirche und dem Haus Zum Ritter St. Georg sowie der benachbarte *Kornmarkt*. Zu den Glanzlichtern im unteren Teil gehören das *Kurpfälzische Museum* (Nr. 97), das *Café Schafheutle* (Nr. 94) und das *Theater der Stadt Heidelberg* (Ecke Theaterstraße). *Linie 5, 21–23, 26, 29, 31–35, 39 Bismarckplatz, Linie 30–32 Universitätsplatz | ☐ F–H 3–4*

23 DEUTSCHES VERPACKUNGSMUSEUM

Das Museum ist ein Mysterium: Die meisten Heidelberger haben davon gehört, aber nur die wenigsten waren dort. Dabei läuft man ständig daran vorbei! Der Eingang befindet sich direkt an der Hauptstraße. ==Durch einen Innenhof erreichst du die ehemalige *Notkirche*, in der das kleine Museum untergebracht ist.== Zu sehen gibt es Verpackungsklassiker bekannter Marken – Nivea, Coca-Cola, Persil, Milka usw. Wusstest du, dass die Odol-Flasche fast genauso aussieht wie vor 120 Jahren? Spannende Zeitreise für Designinteressierte! *Mi–Fr 13–18, Sa, So, Feiertag 11–18 Uhr | Hauptstr. 22 | Eintritt 5 Euro | verpackungsmuseum.de | Linie 5, 21–23, 26, 29, 31–35, 39 Bismarckplatz | ⏱ 1 Std. | ☐ G4*

INSIDER-TIPP
Die Kirche, die keiner kennt!

24 PROVIDENZKIRCHE

An Wochenenden verwandelt sich die einschiffige Saalkirche in ein Dorado

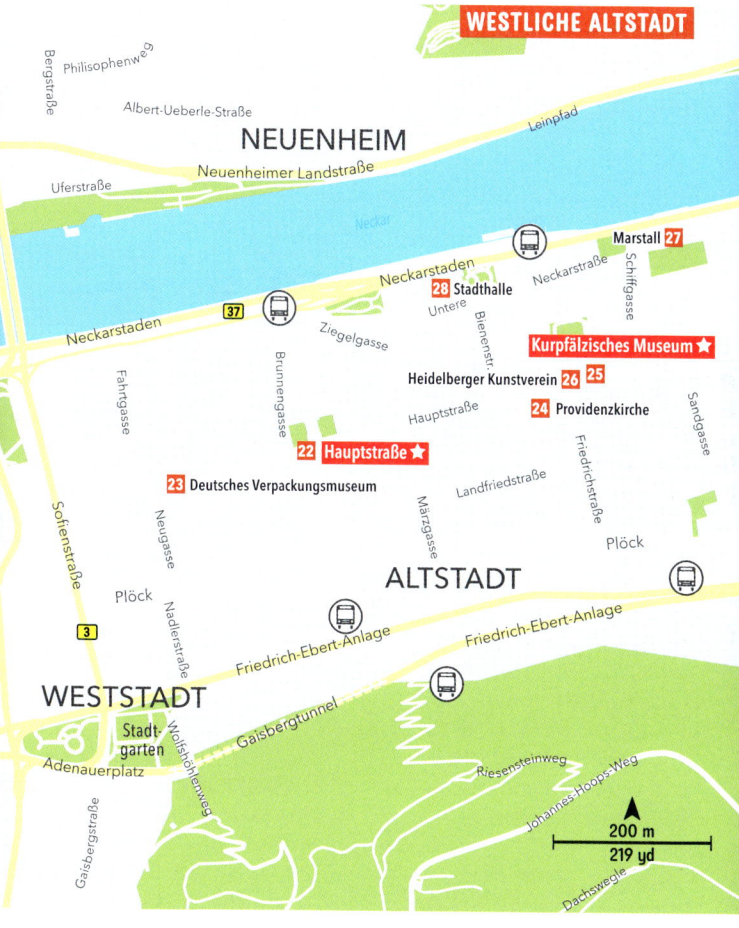

WESTLICHE ALTSTADT

NEUENHEIM

ALTSTADT

WESTSTADT

Marstall **27**

28 Stadthalle

Kurpfälzisches Museum ★

Heidelberger Kunstverein **26** **25**

24 Providenzkirche

22 **Hauptstraße ★**

23 Deutsches Verpackungsmuseum

200 m
219 yd

---

der Kirchenmusik: Bei Motetten, Kammermusik und Gospels oder Konzerten auf Heidelbergs ältester Orgel bleibt dir die Luft weg. Tagsüber findest du in dem Neorenaissancebau direkt an der Fußgängerzone einen Ort zum Durchatmen. *Mo–Sa 10–18, So 11.30–18 Uhr | Hauptstr. 90a | ekihd.de | Linie 30–32 Universitätsplatz |* 📖 *G4*

25 **KURPFÄLZISCHES MUSEUM ★** ☔

Von der Urzeit schnell ins 20. Jh. – das ist doch mal eine Zeitreise! Auf deinem Rundgang durch die Geschichte begegnest du im Kurpfälzischen Museum sogar dem Homo heidelbergensis – keine Angst, natürlich nur einer Kopie des Unterkiefers des berühmten Urmenschen. Die archäologische

Speisesaal unter Bäumen: Die Mensa im Marstall hat im Sommer sogar Außenplätze

Abteilung des Museums beherbergt aber noch einige vor- und frühgeschichtliche Funde mehr aus dem Rhein-Neckar-Raum.

Und wie das Leben in der Kurpfalz ausgesehen hat? Das erfährt man dank historischer Wohnräume, der Kleidung von Heidelberger Familien aus dem 18. und 19. Jh. und der Abteilung zur Stadtgeschichte. Außerdem zu bewundern: romantische Malereien, die berühmte Sammlung Frankenthaler Porzellans und das kostbare Tafelsilber der Kurfürstin Elisabeth Augusta. Übrigens: Das Palais Morass, in dem das Kurpfälzische Museums untergebracht ist, zählt zu den herausragenden Barockbauten der Stadt. Kein Wunder, dass es sich auch im Museumsgarten ganz gut aushalten lässt. *Di–So 10–18 Uhr, Führungen nach Voranmeldung | Eintritt inkl. Au-* *dioguide Di–Sa 3 Euro, So 1,80 Euro | Hauptstr. 97 | Tel. 06221 5 83 40 20 | museum-heidelberg.de | Linie 31, 32, 35 Marstallstraße | ⏱ 1 ½–3 Std. | ▥ G4*

26 HEIDELBERGER KUNSTVEREIN

Frech und frisch – der Kunstverein setzt voll auf die Kunst der Gegenwart und gibt modernen Künstlern eine Bühne. Diese wiederum setzen in ihren Ausstellungen und Installationen aktuelle, gesellschaftliche Themen in Szene. Die Ausstellungsräume des Kunstvereins befinden sich im Erweiterungsbau des Kurpfälzischen Museums. *Di, Mi, Fr 12–19, Do 15–22, Sa, So 11–19 Uhr | Eintritt 4 Euro | im Garten des Kurpfälzischen Museums | Hauptstr. 97 | hdkv.de | Linie 31, 32, 35 Marstallstraße | ⏱ 1 Std. | ▥ G4*

27 MARSTALL

Früher diente der Marstall dem Kurfürsten als Versorgungslager, heute futtern hier in der Mensa die Studenten. Der mächtige Quadratbau mit seinen Wehrtürmen ist eines der wenigen erhaltenen Zeugnisse des Spätmittelalters. Die meterdicken Sandsteinmauern sind bis heute erhalten geblieben. Im kathedralenähnlichen, lichtdurchfluteten Innenraum funkelt dagegen alles neu. Abends steigen hier Partys und andere Veranstaltungen. Im Sommer ist es draußen am schönsten. Bedien dich am Buffet (Mo–Sa 11–22 Uhr) – du zahlst nach Gewicht des Tellers, als Gast etwas mehr als die Studenten – und setz dich unter die Laubbäume auf eine der Bierbänke.

INSIDER-TIPP
Mal kurz Hallo sagen

Abgesehen vom Sattwerden hast du hier gute Chancen auf ein nettes Gespräch mit „echten" Heidelberger Studenten. Am gegenüberliegenden Ausgang des Marstallhofs liegen die *Heuscheuer (Große Mantelgasse 2 | Zugang über die Marstallstraße)* und der *Alte Synagogenplatz.* Auf dem Platz, wo heute ein Findling an die Gräueltaten der Nationalsozialisten erinnert, stand bis zu ihrer Zerstörung 1938 eine Synagoge. In der Heuscheuer, die ebenfalls als städtisches Lager diente, werden seit 1965 Vorlesungen gehalten. Das Bruchsteingemäuer besteht aus Trümmern der im 17.Jh. zerstörten Stadt und des Schlosses. *Marstall: Neckarstaden 2–6 | Heuscheuer: Große Mantelgasse 2 (Zugang über die Marstallstraße) | Linie 31, 32, 35 Marstallstraße | ▥ G3*

28 STADTHALLE

Unauffällig ist sie wirklich nicht, so in prachtvolle Gründerzeit- und Jugendstilarchitektur gekleidet. Aber zur Feier des 500. Geburtstags der Universität 1886 wollte sich die Stadt nicht lumpen lassen und eine Festhalle bauen, die mit Renaissanceanklängen und rotem Sandstein perfekt zum Schloss und zur Universitätsbibliothek passt. Auch heute ist die Stadthalle ein Kongress- und Veranstaltungszentrum. Das ganze Jahr über steigen hier kulturelle Veranstaltungen und Events. 2019 begann eine – heiß diskutierte – Generalsanierung mit dem Ziel, technisch im 21. Jh. anzukommen und gleichzeitig das altehrwürdige Flair der Stadthalle zu bewahren. Eine Herausforderung! *Neckarstaden 24 | heidelberg-kongresshaus.de | Linie 31, 32, 35 Kongresshaus | ▥ G3*

BERGHEIM & WESTSTADT

Natürlich ist die Altstadt mit ihrem historischen Zentrum das Aushängeschild der Stadt. Aber: Genauso spannend und weniger überlaufen sind die westlich und südwestlich des Bismarckplatzes gelegenen Stadtteile Bergheim und Weststadt.

Bergheim galt noch vor einigen Jahren als vernachlässigt und verschnarcht – mittlerweile hat sich das ehemalige Arbeiter- und Fabrikviertel zu einem szenigen und interessanten Teil der Stadt entwickelt. Cafés, Hotels sowie Künstler und Musiker siedelten sich in den frei gewordenen Gebäudekomplexen an.

Die südlich der Kurfürstenanlage gelegene Weststadt mit ihren schicken Gründerzeithäusern gilt als als vornehme Wohngegend. Trotz der hohen Mietpreise ist die Weststadt ein begehrtes Viertel bei jungen Familien. Die Spielplatzdichte ist enorm! Langweilig wird es hier trotzdem nicht, dank schnuckeliger Läden, toller Restaurants und urgemütlicher Eckkneipen.

29 MUSEUM SAMMLUNG PRINZHORN

Klingt erst mal seltsam, ist aber hochspannend: Die Sammlung Prinzhorn bewahrt einen weltweit einzigartigen Bestand an Werken, die Patienten psychiatrischer Anstalten um die Wende zum 20. Jh. schufen.

Der Psychiater und Kunsthistoriker Hans Prinzhorn trug damals rund 5000 Werke zusammen. Die Sammlung wächst aber noch heute. Jeweils 200 Arbeiten, unter anderem Zeichnungen, Aquarelle, Gemälde und Skulpturen, werden in wechselnden Ausstellungen und einer Dauerausstellung gezeigt. Das Museum ist in einem ehemaligen Hörsaalgebäude der Neurologischen Klinik eingerichtet. *Di, Do–So 11–17, Mi 11–20 Uhr | Führungen Mi 18 Uhr und So 14 Uhr | Eintritt 5 Euro | Voßstr. 2 | prinzhorn. ukl-hd.de | Linie 26, 34, 35 Altes Hallenbad |* Bergheim *| ⏱ 1 ½ Std. | ▥ F4*

30 KÖRPERWELTEN MUSEUM

Rund 200 Plastinate, darunter viele „in Aktion", zeigt die Ausstellung im Alten Hallenbad. Unter den plastinierten Leichen befinden sich auch mehrere Föten und eine Schwangere. Die Ausstellung geht auf den Mediziner Gunther von Hagens zurück, der die dauerhafte Konservierung von Leichen 1977 an der Universität Heidelberg entwickelte. Die Schau ist umstritten, Kritiker beklagen eine Verletzung der Menschenwürde. *Tgl. 10–18 Uhr | Eintritt 17 Euro | Poststr. 36/5 | koerperwelten.de | Linie 26, 34, 35 Altes Hallenbad |* Bergheim *| ▥ F4*

31 SYNAGOGE

Beim Gang durch Heidelbergs Straßen begegnen dir immer wieder „Stolpersteine", kleine Gedenksteine, die vor einstigen Wohnhäusern von NS-Opfern in das Straßenpflaster eingelassen wurden. Sie erinnern an das Schicksal deportierter Juden. Aus 120 Fotografien dieser Mahnmale schuf eine Heidelberger Künstlerin eine fast 3 m hohe „Stolpersteinwand", die im Foyer der Synagoge steht. Der moderne Kuppelbau des 1994 eingeweihten Gotteshauses in der Weststadt gab der jüdischen Gemeinde Heidelbergs wieder ein würdiges Zuhause. Der Innenraum der Synagoge leuchtet in einem tiefen Blau. Den historischen Bau in der Altstadt brannten Nazis im November 1938 nieder. *Führungen für Gruppen auf Anfrage | Häusserstr. 10–12 | Tel. 06221 90 52 40 | jkg-heidel berg.com | Linie 29, 39 Kaiserstraße |* Weststadt *| ▥ F4*

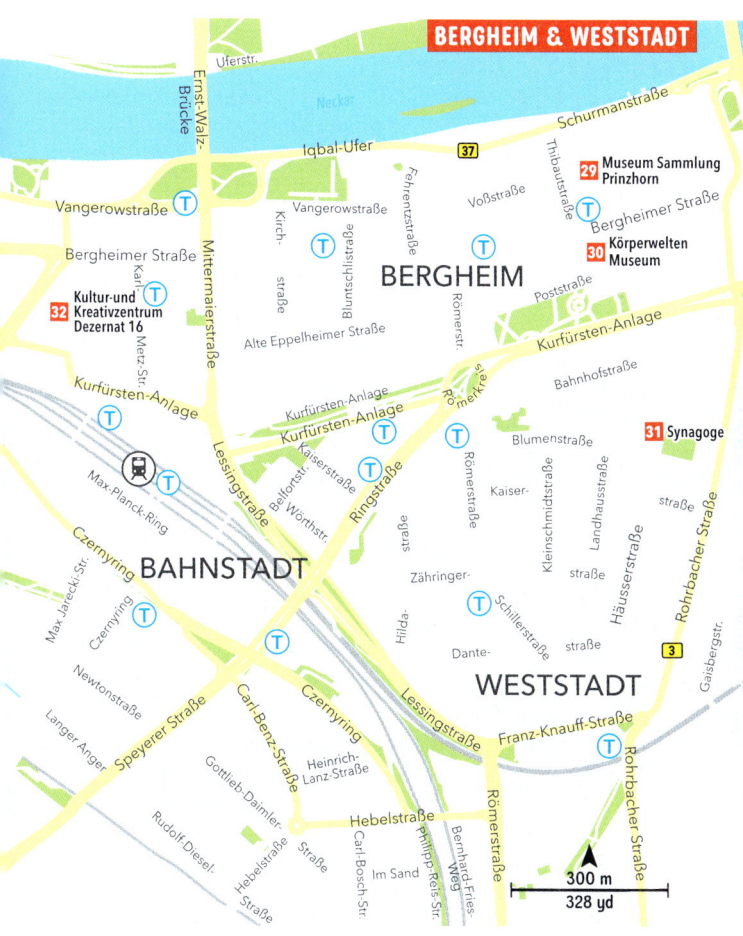

BERGHEIM & WESTSTADT

29 Museum Sammlung Prinzhorn

30 Körperwelten Museum

31 Synagoge

32 Kultur-und Kreativzentrum Dezernat 16

BERGHEIM

BAHNSTADT

WESTSTADT

300 m
328 yd

32 KULTUR- UND KREATIVZENTRUM DEZERNAT 16

Hinter der milchig-trüben Betonfassade der alten Feuerwache pocht das kreative Herz der Stadt. Das Dezernat 16 beherbergt – jetzt musst du kurz Luft holen – Architekten, Filmemacher, Musiker, Grafiker, Galeristen, Fotografen, Designer, Schauspieler, Texter, ja, und das waren längst nicht alle. Die Wirtschaftsförderung unterstützt die jungen Unternehmer und Freiberufler in ihrer Gründungsphase mit günstigen Gewerbeflächen und Studios. Das Wohnzimmer der Künstler ist das *Café Leitstelle*. Hier treffen sich die Kreativen und Besucher zum Austausch. *Mo–Fr 10–18 Uhr | Emil-Maier-Str. 16 | dezernat16.de | Linie 26 Czernybrücke | Bergheim | D4*

HAND-SCHUHS-HEIM & NEUENHEIM

Das ehemalige Bauerndorf Handschuhsheim ist glücklicherweise so geblieben, wie es immer war.

Und das geht so: idyllisch-ländlich, unverstellt, mit verborgenen Winkeln und ruhigen Innenhöfen. Im alten Dorfkern reihen sich urige Kneipen, Weinstuben und Restaurants – viele mit Biergärten – entlang den Sträßchen. In Neuenheim geht es urbaner und ein wenig schicker zu. Die Villen, die man von der Altstadt aus am anderen Flussufer sieht, gehören (wie der Philosophenweg) zu diesem Stadtteil. Ein Cappuccino auf dem Neuenheimer Marktplatz oder ein Nachmittag auf der Neckarwiese, das ist Dolce Vita mitten in Heidelberg.

33 TIEFBURG

Diese Burg hat wirklich eine Leiche im Keller: 1770 fand der damalige Besitzer ein Skelett in einem Hohlraum hinter einer Wand. Um diesen „eingemauerten Ritter" ranken sich einige Sagen. Heute schmückt eine Replik den Fundort. Die Ruinen der mittelalterlichen Wasserburg wurden restauriert und zum Teil ergänzt, ohne dass ihr Charme verloren ging. Besonders schön wirkt das Ensemble samstagvormittags als Kulisse für den Wochenmarkt. *Besichtigung und Führungen nach Vereinbarung | Tel. 06221 47 39 00 | tiefburg. de | Linie 5, 21, 23, 24, 38 Hans-Thoma-Platz | Handschuhsheim | 🕮 F1*

INSIDER-TIPP
Kein schönes Ende

34 GRAHAM-PARK

Wenn deine Beine nach dem Bummel durch Handschuhsheim müde werden, schlepp dich einfach mit letzter Kraft in diesen kleinen Park. Er liegt gegenüber der Tiefburg und beherbergt ein Schlösschen aus dem 17. Jh. Wenn du deinen ausgelaugten Gliedern jetzt noch versprichst, sie nach dieser Pause in ein Traditionslokal wie das *Alt Hendesse* zu bringen, ist alles wieder gut. *Dossenheimer Landstr. 13 | Linie 5, 21, 23, 24 Hans-Thoma-Platz | Handschuhsheim | 🕮 F1-2*

35 ST.-VITUS-KIRCHE

Die älteste Kirche auf heutigem Heidelberger Stadtgebiet. In der östlichen Turmmauer und im Triumphbogen stecken sogar noch Mauerreste der schon 774 erwähnten St.-Nazarius-Kapelle. Bei der letzten Sanierung ist die Kirche von Ost-West auf Nord-Süd ausgerichtet worden. Die Kirche enthält außerdem eine Reihe von Grab- und Gedenksteinen der Ritter von Handschuhsheim aus der Spätgotik und der Renaissance. *Tgl. 8.30–18 Uhr | Pfarrgasse 5 | Linie 5, 23 Kapellenweg | Handschuhsheim | 🕮 F2*

36 PHILOSOPHENWEG ⭐

Einen ausführlichen Spaziergang über den Philosophenweg findest du im Kapitel „Erlebnistouren" auf S. 108. *🕮 F–H3*

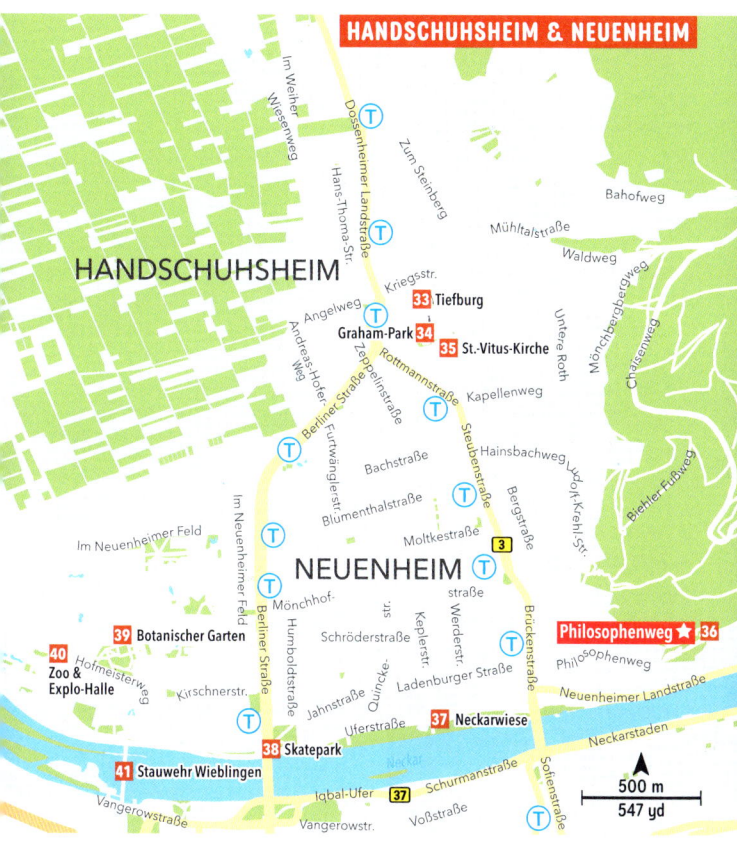

HANDSCHUHSHEIM & NEUENHEIM

HANDSCHUHSHEIM

33 Tiefburg
Graham-Park **34**
35 St.-Vitus-Kirche

NEUENHEIM

39 Botanischer Garten
40 Zoo & Explo-Halle
36 Philosophenweg ★
37 Neckarwiese
38 Skatepark
41 Stauwehr Wieblingen

500 m
547 yd

37 NECKARWIESE

Was in München der Englische Garten und für Berliner der Tiergarten, ist in Heidelberg die Neckarwiese. Sie reicht von der Theodor-Heuss-Brücke bis zur Ernst-Walz-Brücke, ruhiger ist es im westlichen Teil.

Bei schönem Wetter versammelt sich auf der Neckarwiese die ganze Stadt zum Grillen, Chillen, Quatschen, Frisbeespielen, Bootegucken … Für große Sportler gibt es Beachvolleyballfelder, für kleine Mäuse einen Wasserspielplatz. **Einziges Manko: Die Neckargänse sind recht launisch – leg dich besser nicht mit ihnen an.** *Linie 5, 23, 29, 31 Brückenstraße | Neuenheim |* ▢ *E–F3*

INSIDER-TIPP
Die wollen nicht kuscheln

38 SKATEPARK 🏖️ 👫

Bring dein Board, und los geht's! Wo der deutsche Hip-Hop zu Hause ist, muss natürlich auch Platz für Skater und Graffiti sein. Unter der Ernst-Walz-

Brücke kann man zeigen, was man draufhat. Der Park ist nicht groß, aber abwechslungsreich und auch bei Regen befahrbar. Gleich daneben beginnt die Neckarwiese. *Uferstraße | Linie 21, 24, 32, 37 Jahnstraße | Neuenheim | 🗺 E4*

39 BOTANISCHER GARTEN 🐾

Willkommen im Dschungel: Seit 1593 (!) dient der Botanische Garten der Universität zur Lehre und Forschung. Draußen und in den gläsernen Gewächshäusern wachsen 14 000 Pflanzenarten auf 40 000 m² Fläche.

INSIDER-TIPP
Klimatrip

Von der Wüste in den Regenwald und zurück – nirgendwo sonst in Heidelberg erlebst du so viele unterschiedliche Klimazonen in so kurzer Zeit. *Freiland tgl. geöffnet, Ge-*

Ganz in Pink: Im Heidelberger Zoo kannst du Flamingos entdecken

wächshäuser Mo–Do 9–16, Fr 9–14.30, So 10–16 Uhr | Eintritt frei | Im Neuenheimer Feld 340 | botgart.hip.uni-heidelberg.de | Linie 31, 32, 37 Botanischer Garten | ⏱ 45 Min. | Neuenheim | 🗺 D3

40 ZOO & EXPLO-HALLE 🐵

Besondere Attraktionen im Zoo sind die deutschlandweit einzigartige Junggesellen-WG im Elefantenhaus und natürlich der Streichelzoo. In der Explo-Halle lernen Kinder naturwissenschaftliche Phänomene auf spielerische Weise kennen: Sind Schatten immer schwarz? Und warum können Sandkörner tanzen? *Zoo April–Sept. 9–19 Uhr, sonst kürzer | Eintritt 11 Euro, Kinder und Jugendliche 3–17 Jahre 5,50 Euro | zoo-heidelberg.de; Explo-Halle tgl. 10.30–15.30 Uhr | Besuch im Zooeintritt inbegriffen | explo-heidelberg.de; Tiergartenstr. 3 | Linie 31, 32, 37 Zoo | ⏱ 2–3 Std. | Neuenheim | 🗺 C3*

41 STAUWEHR WIEBLINGEN

Das Stauwehr aus den 1920er-Jahren ist ein nostalgisches Stück Industriearchitektur. Die Fußgängerbrücke verbindet den Stadtteil Bergheim mit dem Neuenheimer Feld, wo sich Teile der Universität sowie das Klinikum befinden. In der Abendsonne glitzern die Metallstreben mit dem Neckar um die Wette, und man genießt einen wunderbaren Blick auf das angrenzende Naturschutzgebiet. Das ehemalige Wärterhäuschen auf der Neuenheimer Seite dient heute als Schaffens- und Ausstellungsort für Künstler und Kreative. Übrigens: Die

INSIDER-TIPP
Geht ein Fisch die Treppe runter …

seltsame steinerne Treppe im Wehr führt nur scheinbar ins Nichts. Die Fischtreppe hilft den Neckarbewohnern dabei, unbeschadet das Wehr zu überqueren. Nett, oder? Zugang vom Neuenheimer Feld (Linie 31, 32, 37 Universitätscampus) oder über Vangerowstraße (Linie 34/35 Gneisenaustraße) | Neuenheim | 📖 D3-4

AUSSERDEM SEHENSWERT

42 ALLA HOPP! 👤

Wenn das Wort Spielplatz plötzlich viel zu klein wirkt: Die Alla hopp!-Anlagen der Dietmar-Hopp-Stiftung sind generationsübergreifende Bewegungs- und Beschäftigungsorte. Die Heidelberger Anlage ist 13 600 m² groß und bietet Sprung-, Schwung- und Klettergelegenheiten für Groß und Klein. Highlights sind der Kletterfelsen, die in Wellen gelegte Laufbahn und ein Netz aus Slacklines. Harbigweg 11 | Linie 33 Gregor-Mendel-Realschule, Linie 26, 33 Messplatz | Kirchheim | 📖 D6

43 BERGFRIEDHOF

Der Waldfriedhof gilt als eine der schönsten Ruhestätten Deutschlands. Er wurde den landschaftlichen Bedingungen angepasst und verläuft mal eben, mal hügelig, mit verschlungenen Wegen, stillen Ecken und weitläufigen Arealen, geschützt von dichten Laubbäumen. Hier liegen echte Berühmtheiten begraben: Reichspräsident Friedrich Ebert, die Wissenschaftler Carl Bosch und Robert Bunsen (Sagt dir der Bunsenbrenner etwas?) und der Soziologe Max Weber, um nur einige zu nennen. Im südlichen Teil des Geländes liegt der Jüdische Friedhof. Haupteingang Rohrbacher Straße | Linie 23, 24, 29 West-/ Südstadt oder Bergfriedhof | Südstadt | 📖 F5-6

44 HEILIGENBERG & THINGSTÄTTE

Von Hitlers Größenwahn blieb auch Heidelberg nicht verschont. Davon überzeugen kannst du dich, wenn du den Heiligenberg besteigst und das monumentale Freilichttheater erblickst, das die Nazis zu Propagandazwecken in den Wald klotzten: 20 000 Menschen fanden bei der Eröffnung der Thingstätte Platz.

INSIDER-TIPP
Keine Geheimnisse ausplaudern!

Neben der Größe verblüfft die Akustik: Was vorn gesagt wird, kommt auch ohne Mikrofon hinten an. Den Erbauern wurde ihr Spielzeug nach wenigen Veranstaltungen zu pflegeintensiv, die Thingstätte verfiel und wurde erst in den 1980er-Jahren von Heidelberger Studenten als Veranstaltungsort wiederentdeckt. Auf dem sagenumwobenen Berg gibt es außerdem einen keltischen Ringwall und zwei Klosterruinen zu erkunden.

Mit dem Auto kommt man über Handschuhsheim, den Waldweg und den Chaisenweg hin, neben dem Heiligenbergturm gibt es einen größeren Parkplatz. Für ambitionierte Fußgänger: über den Philosophenweg oder von der anderen Bergseite ab dem Waldparkplatz Turnerbrunnen. *Linie 38 Turnerbrunnen* | 🗺 *G–H2*

45 MOLKENKUR

Auf den Überresten einer Burg baute ein findiger Porzellanmaler 1853 die Molkenkuranstalt, deren Name sich von der damals in Mode gekommenen Heilanwendung von Milchprodukten ableitet. Heute wird das Haus als Hotelrestaurant betrieben und steht unter Denkmalschutz. Seit 1890 fährt die Bergbahn zur Molkenkur und von dort weiter auf den Gipfel des Königstuhls.

Wer den Abstieg zu Fuß nimmt, sieht mit der einzigen Villa am *Molkenkurweg 1* den Ort, an dem Kaiserin Elisabeth von Österreich („Sisi") mal Ferien machte. *heidelberg-marketing.de* | *Bergbahn Station Molkenkur, Linie 757 (BRN)* | 🗺 *H4*

46 KÖNIGSTUHL

Im Sommer der ideale Ort zum Abkühlen, denn auf dem Hausberg Heidelbergs (568 m hoch) ist es bis zu sechs Grad kälter als in der Stadt. Auf seinem Gipfel befinden sich unter anderem das Max-Planck-Institut für Astronomie und der Heidelberger Fernsehturm des Südwestrundfunks. Wie von einem anderen Stern wirkt das architektonisch an die 31 Mio. Lichtjahre entfernte Whirlpool-Galaxie M51 angelehnte *Haus der Astronomie*. Mit dem Zentrum für Öffentlichkeitsarbeit soll auch die Wissenschaft ge-

fördert werden. Die 7 km von der Altstadt kann man bequem mit der Bergbahn zurücklegen. Von der Schlossstation geht es auch zu Fuß hinauf: über eine steile Treppe, die *Himmelsleiter. heidelberg-marketing. de* | *Bergbahn oder Linie 39 Königstuhl* | 🗺 *J–K5*

47 FALKNEREI TINNUNCULUS 👹

Ein Uhu namens Juliane, drei Sakerfalken, ein Wanderfalke, vier Buntfalken und ein Adler warten auf große und kleine Besucher. *Flugvorführungen April–Okt. Di–Fr 11.30, Sa, So und Ferien Di–So 11.30 und 15.30 Uhr* | *Eintritt 6 Euro, Kinder 4 Euro* | *Königstuhl 2 a* | *Tel. 06221 48 59 36 (8–13 Uhr), mobil 0173 3 06 70 07* | *tinnunculus-heidelberg.de* | *Bergbahn oder Linie 39 Königstuhl* | 🗺 *K5*

48 MÄRCHENPARADIES 👹

Auf 28 000 m² Waldgelände begegnet man Schneewittchen, Zwerg Nase und Rumpelstilzchen. Auch für viel Action ist gesorgt mit Buggy-Rennstrecke, Trampolinspringen oder einer Fahrt mit der Parkeisenbahn. *Öffnungszeiten variieren* | *Eintritt 5 Euro, Kinder 4 Euro, Fahrgeschäfte extra* | *Königstuhl 5* | *Tel. 06221 2 34 16* | *maerchen-paradies.de* | *Bergbahn oder Linie 39 Königstuhl* | 🗺 *K5*

49 FELSENMEER 👹

Ein eiszeitlicher Steingarten! Das Naturschutzgebiet liegt am Nordhang des Königstuhls, oberhalb des Stadtteils Schlierbach. Das Gebiet lässt sich wandernd erkunden: Einen bequemen Fußweg, der durch das Felsen-

meer hindurchführt, erreichst du entweder von oben über den Königstuhl oder von unten über den Wolfsbrunnen und den Steinhüttenweg. *Bergbahn Station Königstuhl oder Linie 30, 33, 35 Rombachweg |* 📖 *L4*

50 KOHLHOF

Wenn der Nebel die Altstadt verschluckt, scheint hier oben auf dem Königstuhl meist die Sonne, und Angusrinder grasen an den Hängen, die sich im Winter in Rodelpisten verwandeln. Bei Schnee servieren Anwohner am Wochenende Glühwein, Punsch und heiße Würste. Schon im frühen 19.Jh. rückte der Kohlhof wegen seiner wunderschönen Lage inmitten der Buchenwälder in den Blickpunkt vieler Ausflügler. Entstanden ist die Siedlung vor gut 300 Jahren durch die Rodung des städtischen Allmendwalds. Der Name erinnert an Kohlenbrenner, die in ihren Meilern Holzkohle für viele Handwerker herstellten. Als 1890 auf dem Berg ein Kurhotel eröffnete, gab das einen wichtigen Impuls für die bereits länger geplante Bergbahn. Fortan trafen sich vor allem Künstler und Intellektuelle auf dem Kohlhof.

Im Zweiten Weltkrieg nutzte die I. G. Farben, damals das größte Chemieunternehmen der Welt, das Hotel als Erholungsheim für Mitarbeiter. Außerdem experimentierte der Konzern auf dem Gelände mit Legierungen, um deutsche U-Boote für das englische Radar unsichtbar zu machen. In den 1950er-Jahren begann der Umbau des Hotels zu einer Rehaklinik. Heute umfasst die Siedlung zehn Wohnhäuser, sieben Gebäude stammen noch aus dem 18. und 19.Jh. Am Rand der Rodungsinsel steht der Aussichtsturm *Posselslust. Das Restaurant Oben (restaurant-oben.de)* bietet gehobene moderne Küche mit Wildkräuter-Schwerpunkt. *Linie 39 Alter Kohlhof |* *K7*

51 SCHLOSS-WOLFSBRUNNENWEG

Der Weg ist eine kleine Straße und führt vom Schloss zum Wolfsbrunnen, der Quelle des Schlierbachs. Bei diesem knapp einstündigen Waldspaziergang geben Schneisen und Biegungen immer wieder den Blick auf den Neckar frei. *J–K3*

52 CARL-BOSCH-MUSEUM ☂

Auf über 300 m² zeigt das Technikmuseum das Leben und Wirken des Heidelberger Nobelpreisträgers Carl Bosch. Der war Chemiker und Unternehmer, privat beschäftigte er sich mit allem, was Natur und Technik zu Beginn des 20.Jhs. hergaben: ein Mann, der tagsüber Konzerne leitete, nach Feierabend Käfer sezierte und nachts die Sterne beobachtete. Mit deiner Waschmaschine hat Carl Bosch übrigens nichts zu tun – das war sein Onkel Robert. *Fr–Mi 10–17 Uhr | Eintritt 4 Euro,* ☛ *1. Mo im Monat ab 13 Uhr frei | Schloss-Wolfsbrunnenweg 46 | carl-bosch-museum. de | Linie 30 (Mo–Fr) Carl Bosch Museum, Linie 33/35 Hausackerweg (plus 15 Min. Aufstieg) | Schlierbach |* ⏱ *1 ½ Std. |* *K3*

INSIDER-TIPP
Nicht täuschen lassen

53 BENEDIKTINERABTEI STIFT NEUBURG

Die denkmalgeschützte Anlage liegt umgeben von wunderschönen Weiden und Streuobstwiesen auf dem Berg. Aber auch Fischwirtschaft wird hier betrieben und Biobier gebraut. Letzteres kannst du in der Brauerei im Innenhof probieren – oder du buchst einen Braukurs. Das Kloster wurde im Lauf der Zeit mal als Frauenkloster, mal als Armenhaus, mal als kurfürstliches Landhaus genutzt. 1926 ging es an den Benediktinerorden zurück, der es 800 Jahre vorher gegründet hatte. Noch heute leben hier einige Mönche. Falls du an einem Adventswochenende hier bist: Viele Heidelberger entfliehen dem Gedränge in der Stadt und genießen auf dem Areal den alternativen Weihnachtsmarkt. Dann triffst du sogar Schafe im Heu. *Klosterführung nach Anmeldung | Tel. 06221 3 26 25 94 | stift-neuburg.de | Linie 34 Stift Neuburg | Linienverkehr der Weißen Flotte | Ziegelhausen |* *L2–3*

NECKARORTE

Hast du dich auch schon geärgert? Heidelberg liegt zwar am Fluss, aber besonders nah kommt man selten an ihn heran. Das zu ändern ist das Ziel des Vereins *Neckarorte.* Unter dem Motto „Stadt an den Fluss" werden alte Orte am Fluss wieder zugänglich gemacht und neue erschaffen und belebt. Die Aktionen variieren von Jahr zu Jahr, etabliert hat sich der kostenlos zugängliche ☛ Neckarstrand mit Strandbar in der Altstadt, ebenso

INSIDER-TIPP
Wo geht's denn hier zum Meer?!

wie das Anbaden oder das künstlerisch gestaltete Areal am Iqbal-Ufer, wo auch Veranstaltungen stattfinden. *neckarorte-heidelberg.de*

AUSFLÜGE

⬛ SCHWETZINGEN

12 km / 20 Min. ab Heidelberg Hauptbahnhof (Auto)

Als Sommerresidenz des Kurfürsten Karl Theodor sowie als Spargel- und Festspielstadt ist Schwetzingen (22 000 Ew.) bekannt. Das *Barockschloss (Führungen im Sommer stündlich Mo–Fr 11–16 (Mai–Sept. Do bis 19), Sa, So 10.30–17, im Winter Fr 14, Sa, So 11, 13.30, 15 Uhr | Schlossgarten im Sommer tgl. 9–19.30, im Winter 9–16.30 Uhr | Eintritt Schloss und Garten 10 Euro, nur Garten 6 Euro, im Winter 8 bzw. 4 Euro | schloss-schwetzingen.de)* erhielt seine heutige Form zwischen 1699 und 1714. Die Gartenanlage, größer als hundert Fußballfelder, beeindruckt mit dem Nebeneinander von strenger Geometrie nach französischem Vorbild und der Großzügigkeit englischer Landschaftsgärten. ==Und – Achtung, das kommt unerwartet – hier gibt's auch einen Obstgarten, einen riesigen Weiher und eine Moschee.== *Auch erreichbar mit der Straßenbahn Linie 22 ab Bismarckplatz (an der Endhaltestelle Eppelheim/Kirchheimer Straße umsteigen, Bus BRN 713 nach Schwetzingen Schlossplatz) oder direkt mit dem RNV-Bus 717 ab Heidelberg Hauptbahnhof | schwetzingen. de |* 🕐 *2–3 Std. |* 📖 *0*

INSIDER-TIPP
Überraschung!

Verschwenderisch blühende Mandelbäume im Garten von Schloss Schwetzingen

ESSEN & TRINKEN

Die Regionenbezeichnung Kurpfalz verwirrt viele Auswärtige erst einmal – schließlich beginnt die als Weingegend bekannte Pfalz erst westlich des Rheins. Ähnlich schwer zu verorten wie die ehemalige Residenz der Kurfürsten am Neckar ist die lokale Küche: „Irgendwo zwischen Pfalz, Baden, Schwaben und Bayern" trifft es wohl am besten.

Wichtiger als die genaue Bezeichnung ist aber: Ob Fast Food oder Gourmettempel, deftig oder exotisch – in Heidelberg ist für jeden der Tisch gedeckt. Die gutbürgerlichen Lokale der Altstadt servieren

Frischer Spargel – das feine Gemüse wächst rund um Heidelberg

(kur)pfälzische und badische Spezialitäten (Lieblingszutat: Kartoffel!), der Odenwald vor der Haustür verschafft den Küchen frisches Wild. Und das eine oder andere extravagante kulinarische Experiment hat die Heidelberger Gastronomie auch zu bieten.

Trotz der happigen Lebenshaltungskosten sorgt der hohe Studentenanteil in Heidelberg für eine spannende Auswahl an kleinen, bezahlbaren Lokalen. Das Angebot reicht einmal rund um den den Globus und passt einfach perfekt zu dieser lebendigen, internationalen Stadt. Lass es dir schmecken!

WO HEIDELBERG ISST

HANDSCHUHSHEIM
Alter Ortskern mit zünftigen Lokalen und Biergärten

BERGHEIM
Döner, Burger, Salate – gut schnell essen!

Red – Die grüne Küche ★

BAHNSTADT
Die besten Steaks gibt's im jüngsten Stadtteil

Heid's Grill Restaurant ★

HANDSCHUHS

Hans-Thoma-Platz

Rottmannstr.

Kapellenweg

Berliner Straße

Furtwänglerstr.

NEUENHEIM

Blumenthalstraße

Quinckestr.

Kepler-
straße

Mönchhofstraße

Im Neuenheimer Feld

NEUENHEIMER
FELD

Hofmeisterstraße

Kirschnerstraße

Im Neuenheimer Feld

Berliner Straße

Humboldtstraße

Jahnstraße

Ladenburger Stra

Uferstraße   Neckarwiese

Neckar

Iqbal-Ufer

Schurmanstraße

Altes
Hallenbad

BERGHEIM

Römerstraße

Berg-   heimer   Str.

Bergheimer   Straße   Berg-

Mittermaierstr.

Alte Eppel-   heimer Straße

Stadtbücherei

Bahnhofstr.

Eppelheimer Str.

Gadamerplatz

Grüne Meile

Czernyring

Heidelberg
Hauptbahnhof

Kurfürsten-
Anlage

Lessingstraße

Ringstraße

Blumenstraße

WESTSTADT

Zähringer-
straße

Römerstr.

BAHNSTADT

Langer Anger

Speyerer Straße

Montpellierbrücke

Czernyring

Lessingstraße

Römerstraße

37

MARCO POLO HIGHLIGHTS

⭐ CAFÉ SCHAFHEUTLE
Hausgemachte Pralinen und der beste Käsekuchen im traditionsreichen Kaffeehaus ➤ S. 60

⭐ CAFÉ & BAR DEER
Fotogene Frühstückskreationen zum Sattwerden. Wer erst abends munter wird, kommt auf einen Signature Drink vorbei ➤ S. 60

⭐ HEID'S GRILL RESTAURANT
… mit den vielleicht besten Steaks der Stadt. Die gibt's in stylishem Ambiente mit Kamin und DJ ➤ S. 62

⭐ WEISSER BOCK
Wenn's mal ein bisschen eleganter sein darf ➤ S. 62

⭐ DER KLEINE SPANIER
Lecker spanisch essen – direkt an der Alten Brücke ➤ S. 64

⭐ RED – DIE GRÜNE KÜCHE
Eldorado für Vegetarier: feine Gerichte und selbst gebackener Kuchen ➤ S. 67

⭐ ZUM SEPPL
Legendäres Wirthaus, gemütlich und mit guter Küche ➤ S. 67

NEUENHEIM
Ein wenig schicker, ein wenig teurer – hier regiert das gute Leben

ÖSTLICHE ALTSTADT
Schlemmerparadies, in dem (fast) jeder Wunsch erfüllt wird

ALTSTADT

Weißer Bock ⭐
Café Schafheutle ⭐
Zum Seppl ⭐
Der kleine Spanier ⭐
Café & Bar Deer ⭐

500 m
547 yd

CAFÉS & EISCAFÉS

CAFÉ FRESKO

Guter Kaffee, prickelnde Getränke (Signature Cocktail: Saffron Sour!), herzhafte und süße Snacks, eine Leseecke, ein Loungebereich im Obergeschoss und eine kleine Terrasse. *Mo 9–19, Di–Do 9–24, Fr 9–1, Sa 8–1, So 10–19 Uhr | Sofienstr. 29 | Tel. 06221 7 26 41 10 | Facebook: Fresko Heidelberg | Linie 5, 21–23, 26, 29, 31–35, 39 Bismarckplatz | Westliche Altstadt | ⚏ F4*

CAFÉ SCHAFHEUTLE ★

Traditionscafé mit tollem Frühstück und Tortenangebot. Der Käsekuchen ist zum Reinsetzen! Hinter den Fensterplätzen versteckt sich ein wunderschöner Garten, zum Mitbringen gibt's Pralinen aus der eigenen Confiserie. *Tgl. 9.30–18 Uhr | Hauptstr. 94 | cafe-schafheutle.de | Linie 31, 32, 35 Kongresshaus | Westliche Altstadt | ⚏ G4*

CAFÉ & BAR DEER ★

Die leckeren Frühstückskreationen gibt's für Langschläfer bis 15 Uhr. Alle Gerichte sind kunstvoll angerichtet und fast zu schade zum Essen. Am Abend trifft man sich im Außenbereich oder versinkt in einem der gemütlichen Loungesessel. *Mo–Do 9–23, Fr–Sa 9–2, So 9.30–18 Uhr | Friedrich-Ebert-Anlage 1 | cafe-bar-deer.de | Linie 5, 21–23, 26, 29, 31–35, 39 Bismarckplatz | Westliche Altstadt | ⚏ F4*

CASA DEL CAFFÈ

Frag einen Heidelberger, und er schickt dich ins „Casa"! Aromatische Kaffeespezialitäten, mediterrane Köstlichkeiten und hausgemachte Cantuccini. Auch zu später Stunde zu empfehlen. *Mo–Do 7–1, Fr, Sa 7–3, So 8–1 Uhr | Steingasse 8 | casa-del-caffe.de | Linie 35 Alte Brücke | Östliche Altstadt | ⚏ H3*

COFFEE NERD

„Das Café mit dem Fahrrad im Schaufenster". Spannende Kaffeesorten (auch gefiltert), frisch geröstet und aus fairem Handel. Selbst gebackenen Kuchen von Mama gibt's dazu, auch kleine, feine Snacks. *Mo–Fr 9–18, Sa 10–18, So 11–18 Uhr | Rohrbacher Str. 9 | coffeenerd.de | Linie 5, 21–23, 26, 29, 31–35, 39 Bismarckplatz | Westliche Altstadt | ⚏ H3*

GELATO GO

Viele Heidelberger finden: Das beste Eis der Stadt gibt's hier! Insgesamt stehen 16 Sorten Eis mit Zutaten aus zertifiziertem biologischem Anbau sowie andere Sorten zur Auswahl. Pistazie aus Sizilien ist der Hit. Im Sommer bilden sich lange Warteschlangen – es geht aber schnell voran. *Hauptstr. 100 | Linie 31, 32, 35 Marstallstraße | Westliche Altstadt | ⚏ G4*

KAFFEEKULTUR

Ein besonderes Café, von der Einrichtung mit Galerie und Bücherwand bis hin zum kulinarischen Angebot mit Selbstbedienungstheke: vielseitiges Frühstücksbuffet (mit Kaffee, so viel man will), selbst gebackene kleine Kuchen, Suppen, Eintöpfe, leckere Snacks und die passenden Getränke.

× 🍴 Kuchen satt und noch viel mehr: kleine Pause im Café Kaffeekultur

Mo–Fr 6.30–21, Sa 7–21, So 7–20 Uhr | Bergheimer Str. 41 | bergheim41.de | Linie 26, 34, 35 Altes Hallenbad | Bergheim | □ F4

SCHILLER'S
Spätaufsteher? Kein Problem, denn in dem gemütlichen Häuschen hinter dem Marktplatz gibt's ein preiswertes Frühstück bis 14 Uhr. Außerdem auf der Karte: 80 Sorten Trinkschokolade, Quiche, selbst gebackener Kuchen (auch vegan und glutenfrei) und Biowein. *Tgl. 10–22 Uhr | Heiliggeiststr. 5 | Linie 35 Alte Brücke | Östliche Altstadt | □ H3*

STROHAUER'S CAFÉ ALT HEIDELBERG
Grüne Oase mitten in der Fußgängerzone. Die Frühstücksetagère für zwei Personen mit Crèpes und allerlei Leckereien ist ein wunderbarer Einstieg in den Tag. Die Speisekarte erzählt die Geschichte der berühmten Victoriatorte. Gemütliche Kaffeehausatmosphäre im Innenraum, Platzangebot aber begrenzt. *Tgl. 9–23 Uhr | Hauptstr. 49 | strohauer.de | Linie 31, 32, 35 St. Vincentius Krankenhaus | Westliche Altstadt | □ G4*

INSIDER-TIPP
Königlich schlemmen

RESTAURANTS €€€

LE COQ
Ein Ticket nach Paris, bitte! Tagsüber gibt's Mittagstisch und frische Bistroküche, abends alles, was die klassische französische Küche hergibt – von Schnecken in Kräuterbutter bis zum Coq au Vin. Damit der nicht so einsam ist, krönst du den Abend mit einem zartschmelzenden lauwarmen Schokoladensoufflé. *Di–Fr 10–14.30 und*

Schmausen in der Altstadt – ganz edel im Restaurant Weißer Bock

18–24, Sa 10–22, So 10–21 Uhr | Brückenstr. 17 | Tel. 06221 6 73 67 91 | le coq-hd.de | Linie 5, 23, 29, 31, 34 Brückenstraße | Neuenheim *|* ⊞ *F3*

HEID'S GRILL RESTAURANT ⭐

Die stylishe Holzhütte mit Ledermöbeln, Kamin, Gartenlounge und DJ serviert Steaks vom US-Weiderind und Pizza. Nicht wenige behaupten, hier gäbe es die besten Steaks der Stadt. Aber auch die Beilagen sind köstlich, und das Ambiente macht einfach Spaß. *Tgl. 17–22.30 Uhr | Speyerer Str. 15 | Tel. 06221 18 00 11 | heids-heidelberg.de | Linie 26, 33 Ru-*

INSIDER-TIPP
Im Steakhimmel angekommen

dolf-Diesel-Straße, Linie 22, 33 Montpellierbrücke | Bahnstadt *|* ⊞ *D5*

ROMER

Edles Ambiente und erlesene Speisen, auf die jeweilige Jahreszeit abgestimmt, erfreuen im Restaurant und im schönen Innenhof mit den großen Sonnenschirmen. Die alten Mauern sorgen im Sommer für ein angenehmes Klima. Nicht verpassen: „9erlei", eine Vorspeisenauswahl zum Anbeißen. *Di–Sa 12–14 und 18–22.30 Uhr, So auf Anfrage | Grabengasse 7 | Tel. 06221 65 00 61 50 | arthotel.de | Linie 30–32 Universitätsplatz |* Östliche Altstadt *|* ⊞ *G4*

WEISSER BOCK ⭐

Neidische Blicke sind dir garantiert. Im Sommer schmaust du an edel eingedeckten Tischen in der Altstadtgasse und um den Heumarktbrunnen, während dir die Spaziergänger am liebsten die Austern vom Teller stibitzen würden. Aber auch drinnen ist das Restaurant ein Hingucker. *Di–Sa 17–23 Uhr | Große Mantelgasse 24 | Tel. 06221 9 00 00 | weisserbock.de | Linie 30–32 Universitätsplatz |* Östliche Altstadt *|* ⊞ *H3*

959

Das 959 gehört zum Besten, was die Rhein-Neckar-Region aus kulinarischer Sicht zu bieten hat. Auf den Teller kommen klassische Gerichte der Haute Cuisine, die das hochdekorierte Küchenteam kreativ ins 21.Jh. katapultiert. Die mondäne Atmosphäre im Pavillon am Seegarten und die imposante Bar mit Paternoster passen klas-

Unsere Empfehlung heute

Deftig regional

MAULTASCHEN
Hackfleischklößchen in Nudelteig
mit Spinat und geschmälzten
Zwiebelringen

SCHLACHTPLATTE
Sauerkraut mit Grieben- und
Leberwürstchen, Schweinebäckchen,
Bratwurst und Kartoffelpüree

SPARGEL
Auf Wunsch mit zerlassener Butter
oder mit Sauce Hollandaise

Kartoffelgerichte

KARTOFFELSUPPE
mit Dörrfleisch und Brot

BUWESPITZLE
Schupfnudeln (Fingernudeln) mit
Eiern, Mehl und Butter geknetet und
gebraten

VERHEIERTE
Gekochte Kartoffelwürfel und Spätzle,
mit Muskat gewürzt und mit
gedämpften Zwiebelringen serviert

Süß & satt

APFELKÜCHLE
Nach Belieben mit Zucker und Zimt
oder mit Vanillesauce

DAMPFNUDELN
Oben luftig zart, unten kross
und salzig

KERSCHEPLOTZER
Süßkirschenauflauf,
mit Vanillesauce serviert

KARTÄUSERKLÖSSE
In Milch, Zucker und Eigelb
eingeweichte Brötchen, in Weckmehl
gewendet und in Fett ausgebacken,
mit Zucker und Zimt bestreut

Getränke

BIER VON HIER
Dunkles Weizenbier

WEISSWEINSCHORLE
Süß oder sauer, mit Wein von
der Bergstraße

MELONENSCHNAPS
Kultgetränk aus der
Heidelberger Altstadt

se dazu. *Mo 18–23, Di–Sa 12–23 Uhr |
Friedrich-Ebert-Anlage 2 | Tel. 06221
6 74 29 59 | 959heidelberg.com | Linie
5, 20–23, 26, 33, 34, 39 Seegarten |
Westliche Altstadt | ⌑ F–G4*

ALT HENDESSE

Unter uralten Weinranken genießen
Studenten und „Original"-Hand-
schuhsheimer im schönsten Biergar-
ten des Stadtteils eine große Auswahl
an guten Fleischgerichten. *Mo–Sa
17–24, So 11–24 Uhr | Mühltalstr. 4 |
Tel. 06221 48 05 17 | Linie 5, 21, 23,
24, 38 Hans-Thoma-Platz | Hand-
schuhsheim | ⌑ F1*

CAFÉ RESTAURANT BURKARDT

„Burki" und guter Wein – das gehört
zusammen wie Schloss und Heidelberg. Die Küche kredenzt, was zum
„Woi" passt: Tapas und Antipasti, An-
spruchsvolles für den großen Hunger –
die Karte wechselt häufig. *Mo–Fr 12–
15 und 18–23, Sa, So 12–23 Uhr |
Untere Str. 27 | Tel. 06221 16 66 20 |
cafeburkardt.de | Linie 35 Alte Brücke |
Östliche Altstadt | ⌑ H3*

DON ROBERT

Tapasbar mit dem Charme einer Eck-
kneipe, wie sie spanischer nicht sein
könnte. Im „Don" werden Urlaubser-
innerungen aufgetischt. Täglich wech-
selnde Abendkarte und jede Menge
köstliche Tapas. Kaffee, spanischer
Wein und Cava an der Theke. Donners-
tags Cava-Abend! *Mo–Sa 17–1 Uhr |
Alte Eppelheimer Str. 11 | Tel. 06221
6 51 52 26 | don-robert.com | Linie 21,
24, 26, 32, 34, 35, 37 Betriebshof |
Bergheim | ⌑ E4*

DER KLEINE SPANIER ⭐

Einen schöneren Platz, um im Sommer draußen zu sitzen, als vor dem
kleinen Lokal direkt an der Alten Brücke wirst du kaum finden. Aber auch
drinnen ist's schön, und die leckere
spanische Küche ist zum Niederknien!
Gute Weinauswahl und Spezialitäten-
laden in der Unteren Straße. *Öff-
nungszeiten variieren | Obere Neckar-
str. 1 | Tel. 06221 7 25 07 57 | der-
kleine-spanier.de | Linie 35 Alte Brü-
cke | Östliche Altstadt | ⌑ H3*

SAME SAME

Richtig gutes Sushi zu vernünftigen
Preisen an zwei Orten in der Stadt. Im
kleineren Barlokal in der Altstadt bist
du mitten im Geschehen, in der Weststadt herrscht eher Restaurantatmo-
sphäre. *So–Do 12–22, Fr, Sa 12–23
Uhr | Steingasse 3 | Tel. 06221
7 29 17 37 | sushiheidelberg.de | Linie
35 Alte Brücke | Östliche Altstadt |
⌑ H3; So–Do 17–22, Fr, Sa 17–23
Uhr | Römerstr. 26 | Tel. 06221
9 14 52 1 | Linie 23, 24 Römerkreis
Süd | Weststadt | ⌑ F4*

SCHNITZELBANK

Was steht da: „Wer Wein trinkt in der
Schnitzelbank, der bleibt jung und
wird nicht krank"? Stimmt wahrscheinlich, denn in der ehemaligen
Küferei wird schon seit hundert Jahren geschmaust und getrunken. Die
alten Hobelbänke teilst du dir meist
mit anderen, die Schnecken in haus-

gemachter Kräuterbutter dafür sicher nicht. *Mo–Fr 17–1, Sa, So 11.30–1 Uhr | Bauamtsgasse 7 | Tel. 06221 2 11 89 | schnitzelbank-heidelberg. de | Linie 31, 32, 35 Kongresshaus |* Westliche Altstadt *|* 🗺 *G4*

Linie 21, 24, 26, 32, 34, 35, 37 Betriebshof | Bergheim *|* 🗺 *E4*

VETTER'S

Urgemütliche Brauerei mit abwechslungsreicher Speisekarte von Baden

Große Kessel, gute Speisen: Im Vetter's wird das Bier vor den Augen der Gäste gebraut

UUUHMAMI

Was klingt wie auf der Tastatur hängen geblieben, ist der Name eines angesagten Italo-Gastrokonzepts im Landfriedkomplex. Pizza wie in Neapel, Preise wie in Mailand, Mobiliar aus dem Szenekatalog.

**INSIDER-TIPP
Für den „Nachtisch-magen"**

Unbedingt Platz für die *Torta al Limone* lassen! *So–Mi 11.30–23, Do–Sa 11.30–1 Uhr | Alte Eppelheimer Str. 50 | Tel. 06221 7 25 47 96 | uuuhmami.com |*

bis Bayern. Ob Brotzeit zum Bier oder Käsespätzle, Rumpsteak oder die „Gaudi am Tisch mit großen Pfannen für vier bis sechs Personen" – wer hier nichts findet, der ist wahrscheinlich auch sonst eher schwer glücklich zu machen. *So–Do 11.30–24, Fr, Sa 11.30–2 Uhr, Küche bis 23 Uhr | Steingasse 9 | brauhaus-vetter.de | Linie 35 Alte Brücke |* Östliche Altstadt *|* 🗺 *H3*

**INSIDER-TIPP
Geteilt schmeckt's noch besser!**

VINCI DUE

Anspruchsvolle italienische Küche, ergänzt durch gute Weine, in gediegener Wohlfühlatmosphäre. Die hausgemachte Pasta mit Trüffeln schmeckt sowohl drinnen als auch auf der Terrasse an einem kleinen See. *Tgl. 11–24 Uhr | Poststr. 11 | Tel. 06221 6 54 84 68 | vinci-due.de | Linie 5, 21–23, 26, 29, 31–35, 39 Bismarckplatz |* *Bergheim* | ⊞ *F4*

KU17

Schönwettertipp: eine Portion Oliven, Roséwein und dazu einmal Sonnenuntergang am Fluss. Auch echte spanische Tapas gibt es hier, entweder serviert auf der Terrasse oder zum Mitnehmen auf die Neckarwiese. *Nur bei gutem Wetter geöffnet, im Sommer tgl. 10–22 Uhr, im Winter wetterabhängig | Uferstr. 17 | Tel. 06221 6 50 13 73 | ku17.de | Linie 5, 23, 29, 31 Brückenstraße |* *Neuenheim* | ⊞ *F3*

RESTAURANTS €

BISTRO ALGE

Vegan essen, gesund leben – das ist das Motto in der Alge. Mitten in der Bahnstadt bekommst du leckere Bowls und andere pflanzliche Gerichte zum gleich Essen oder Mitnehmen. Pflanzlich, 100 % frisch und hausgemacht. Wie wäre es mit einem Picknick? *Di–Fr 12–14 und 17–22 Uhr | Gadamerplatz 1 | Tel. 06221 9 06 99 90 | alge.de/heidelberg | Linie 22, 26 Gadamerplatz |* *Bahnstadt* | ⊞ *D5*

MAHMOUD'S

Die Heidelberger lieben den „Falafelmann", wie sie das Lokal heimlich nennen. Sag diesen Namen bloß niemals vor dem Chef, der mag das gar nicht. Unschlagbar sind die Kombinationen mit gegrilltem Gemüse, Hühnchen oder Halloumi. Zweites Lokal in der Bergheimer Straße. *Tgl. 11–23 Uhr | Merianstr. 3 | Tel. 06221 6 53 05 59 | mahmouds.de | Linie 30–32 Universitätsplatz |* *Bergheim* | ⊞ *H4*

DO CAFÉ

Im renovierten alten Stellwerk an der Bahnstadtpromenade gibt es Essen, das die Lebensgeister wecken soll. Die passende Mahlzeit im richtigen Moment. Alles darf, nichts muss: mal vegan, mal mit Fleisch, mal glutenfrei, immer frisch! Den leckeren Kuchen am Nachmittag genießt du am besten auf der Terrasse. *Sommer tgl. 10–20 Uhr, Winter 9–18 Uhr | Schwetzinger Terrasse 9 | Tel. 06221 3 52 21 10 | goodfood.works | Linie 22, 33 Montpellierbrücke |* *Bahnstadt* | ⊞ *D5*

MANDY'S RAILWAY DINER

Im alten Eisenbahnwagen präsentiert sich das Mandy's ganz im Stil der 1960er-Jahre. ==Besonders zu empfehlen sind das Frühstück (jederzeit!) und die hausgemachten Limos und Shakes.== Schon beim Lesen der Speisekarte bleiben die Kalorien an dir kleben – was soll's. *Tgl. 8–1 Uhr | Speyerer Str. 1 | Tel. 06221 6 53 57 25 | mandys-hd.de | Linie 22, 33 Montpellierbrücke |* *Weststadt* | ⊞ *E5*

INSIDER-TIPP
Für richtige Rebellen

RED – DIE GRÜNE KÜCHE ★

Feine vegetarische und vegane Speisen mit Zutaten aus kontrolliert biologischem Anbau oder direkt aus dem Hausgarten, auch mit Wildkräutern – am Buffet oder aus der heißen Pfanne. Unbedingt Platz für den hausgemachten Kuchen lassen! *Mo–Sa 11.30–22 Uhr | Poststr. 42 | Tel. 06221 9 14 52 06 | red-diegruenekueche. com | Linie 26, 34, 35 Altes Hallenbad | Bergheim | ⌖ F4*

STUDENTENLOKALE

ZUM ROTEN OCHSEN

Eines der wenigen Heidelberger Studentenlokale, die sich „historisch" nennen dürfen. Bodenständige Gerichte und tägliches Stammessen, ab 19.30 Uhr spielt der Mann am Klavier – und das seit vielen, vielen Jahren. Im Sommer mit Terrasse auf dem Karlsplatz. *Mo–Sa ab 17 Uhr | Hauptstr. 217 | Tel. 06221 2 09 77 | roterochsen.de | Linie 33, 35 Neckarmünzplatz | €–€€ | Östliche Altstadt | ⌖ H3*

INSIDER-TIPP
Die schönste Tradition der Stadt

SCHNOOKELOCH

„Mindescht ämol i der Woch, g'hört der Mensch ins Schnookeloch" steht an der Decke des uralten Lokals. Auf der Karte steht Herzhaftes und Deftiges. Wochenends gibt es Klaviermusik. *Mo–Do 11–1, Fr 11–3, Sa, So 11–4 Uhr | Haspelgasse 8 | Tel. 06221 13 80 80 | schnookeloch-heidelberg. de | Linie 35 Alte Brücke | €–€€ | Östliche Altstadt | ⌖ H3*

Zum Roten Ochsen – Studentenlokal mit Geschichte

ZUM SEPPL ★ ⚑

In diesem legendären Wirtshaus gibt es gute deutsche Küche und Bier vom Fass. Ein Klavierspieler trägt seinen musikalischen Teil zur Gemütlichkeit des über 300 Jahre alten Hauses bei. *Di–Sa ab 17 Uhr | Hauptstr. 213 | Tel. 06221 1 37 09 80 | zum-seppl.de | Linie 33, 35 Neckarmünzplatz | €€ | Östliche Altstadt | ⌖ H3*

ZEUGHAUS-MENSA 🐷

In der preisgekrönten Mensa im Marstall gibt's Essen auch für Nichtstudenten. Eine Tagessuppe kostet 90 Cent, Suppe mit Hauptgang ist für ca. 5 Euro zu haben. Im Sommer sitzt du wunderschön im Innenhof. *Mo–Sa 11–22 Uhr | Marstallhof 3 | stw.uni-heidelberg.de | Linie 31, 32, 35 Marstallstraße | €–€€ | Westliche Altstadt | ⌖ G3*

SHOPPEN & STÖBERN

Die schnurgerade Hauptstraße ist eine der längsten Fußgänger-zonen Europas. Ein Schaufensterbummel sollte am Bismarck-platz beginnen – oder „unten", wie die Heidelberger sagen. Wer beim Gang nach „oben" nach links und rechts ausschert, wird belohnt: In den Seitengassen und Hinterhöfen verbergen sich außergewöhnliche Läden und kleine Ruheoasen.

Parallel zur Hauptstraße verläuft die Plöck. Alteingesessene, teils skurrile Geschäfte wie der Heidelberger Zuckerladen sind den Mini-umweg wert. Achtung: Zu Semesterzeiten wird die abschüssige Stra-

Ein „Heidelberger Studentenkuss" wirft Fragen auf: Verschenken? Selbst essen? Beides?

ße zur Fahrradautobahn; wenn dir dein Leben lieb ist, bleib auf dem
Bürgersteig. In der Unteren Straße, wo nachts das Kneipenleben
tobt, reiht sich – bei Tageslicht gesehen – ein Lädchen an das andere.
Avantgardistische Mode, Schmuck und Kunst werden angeboten,
für Kaffee, Kuchen und Absinth ist ebenfalls gesorgt.
Einkaufstechnisch lohnend ist auch der Stadtteil Neuenheim auf der
anderen Neckarseite: Die Brückenstraße und die Ladenburger Straße bieten allerlei Antiquitäten, Mode, Feinkost, Weine und Galerien –
hier ist dein Geld gut aufgehoben.

WO HEIDELBERG SHOPPT

Markt in Handschuhsheim ★

Andreas-Hofer-Weg

Berliner Straße

Rottmannstraße

Furtwänglerstr.

Bergstraße

3

BRÜCKENSTRASSE

Kleine Läden, nicht ganz so kleine Preise, tolle Auswahl!

Blumenthalstraße

Im Neuenheimer Feld

Quinckestr.

Moltkestraße

Kepler-

Werderstraße

Kußmaulstraße

Ⓣ

Brückenstraße

Wielandstraße

Wickenstraße

Mönchhofstraße

straße

NEUENHEIM

Im Neuenheimer Feld

Schröderstraße

Brückenstraße Ⓣ

Humboldtstraße

Marktplatz Neuenheim ★ Ⓟ

Str.

Kirschnerstraße

Jahnstraße

Ladenburger

Annas Unverpacktes ★

Uferstraße

Theodor-Heuss-Brücke

Neckar

Ernst-Walz-Brücke

Schurmanstraße

Sofienstr.

Iqbal-Ufer

37

Ⓣ

Vangerowstraße

Volkshochschule

Altes Hallenbad

Bismarckplatz

Ⓣ

Bergheimer

Straße

Ⓣ

Mittermaierstraße

BERGHEIM

BERGHEIMER STRASSE

Schaufensterbummel für Entdecker

Alte Eppel-heimer Straße

Kurfürsten-Anlage

Ringstr.

Rohrbacher Str.

HAUPTSTRASSE
Epizentrum der
Stadt. Große Marken
im Osten, Souvenirs
im Westen

PLÖCK
Skurrile Läden
entlang der
Fahrradautobahn

Philosophenweg

Neuenheimer Landstraße

Ziegelhäuser Landstraße

Hirschgasse

Neckar

Am Hackteufel

37

Neckarstaden

Galerie Grüner Engel ★ ⚲

Florian Steiner Kaffeerösterei ★

straße

Ziegelgasse

Haupt-

Schlossbergtunnel

Hauptstraße

ALTSTADT

Zwingerstraße

Rathaus-
Bergbahn

Heidelberger Zuckerladen ★

Plöck

Ebert-Anlage

Schloss-Wolfsbrunnenweg

Markt auf dem Friedrich-Ebert-Platz ★

Schloss

Gaisbergtunnel

Molkenkurweg

**FRIEDRICH-EBERT-
ANLAGE**
Antiquitäten,
Kunsthandwerk und
Seltenes

Gaisberger Weg

300 m
328 yd

BIOLÄDEN

ANNAS UNVERPACKTES ⭐

Der Bioladen verkauft alles ohne Verpackung. Hier füllst du dir deine Nudeln, Schokoladenstücke, Gewürze, dein Müsli und Waschmittel einfach in mitgebrachte Weckgläser. Wenn du gerade kein Glas im Gepäck hast, gibt es im Laden auch welche zu kaufen. *Di–Sa 10–18.30 Uhr | Ladenburger Str. 37 | annas-unverpacktes.de | Linie 5, 23, 29, 31 Brückenstraße |* Neuenheim *| 🗺 F3*

BRAUEREI ZUM KLOSTERHOF

Die kleine Biobrauerei in den ehemaligen Stallungen des Klosters Stift Neuburg stellt in traditioneller Weise Helles, Dunkles und Weizen her. Sie ist durch den Innenhof zu erreichen. Zur Weihnachtszeit findet ein Adventsmarkt mit hochwertigen Produkten statt, zu dem mit den Schiffen der Weißen Flotte angereist werden kann.

INSIDER-TIPP
Mit dem Schiff zum Glühbier

Tgl. Direktverkauf | Stiftweg 4 | brauerei-zum-klosterhof.de | Linie 34 Stift Neuburg | Ziegelhausen *| 🗺 L2–3*

WOHIN ZUERST?

Für Mode und Lifestyle ist die **Hauptstraße** *(🗺 F–H 3–4)* mit ihrer 1,6 km langen Fußgängerzone die erste Shoppingadresse. Kleiner und feiner geht es in der **Brückenstraße** *(🗺 F3)* im Stadtteil Neuenheim zu. Im unteren Teil der **Friedrich-Ebert-Anlage** *(🗺 G4)* bieten elegante Geschäfte Mode, Antiquitäten und Kulinarisches der gehobenen Klasse an.

DELIKATESSEN & WEINE

ALEX WEIN & SPIRITUOSEN

Reden wir nicht drum herum: Ohne den „Heidelberger Melonenschnaps" gibt's hier in der Stadt keinen Kneipenabend und keine WG-Party. Der Ladeninhaber selbst hat ihn kreiert. In andere Hochprozentige mixt er auch mal Ingwer, Litschi oder Koriander. In seinen Regalen stapeln sich etwa 300 Weine und 1000 Spirituosen bis unter die Decke. *Mo–Fr 9.30–19, Sa 10–18 Uhr | Märzgasse 16 | alex-webwelt.de | Linie 20, 31–33 Friedrich-Ebert-Platz |* Westliche Altstadt *| 🗺 G4*

L'EPICERIE

Dieser Laden ist ein Erlebnis für Hobbyköche und Gourmets. Linke Tür: Hier finden sich ganze Regale voller Gewürze – bekannte und weniger bekannte – sowie die passenden Bücher dazu, außerdem Spezialitäten aus dem Süden. Rechte Tür: leckere Schokolade aus aller Welt, auch in kleinen Portionen zum Mischen und direkt Vernaschen. *Mo 13–19, Di–Fr 11–19, Sa 10–18 Uhr | Hauptstr. 35 (im Hof) | lepicerie.de | Linie 5, 21–23, 26, 29, 31–35, 39 Bismarckplatz |* Westliche Altstadt *| 🗺 G4*

FLORIAN STEINER KAFFEERÖSTEREI ⭐

Von Hand gerösteter Spezialitätenkaffee als Espresso und Filterkaffee – hier ist man dem Bohnenglück ganz nah.

Die Rösterei in der Altstadt ist als offene Manufaktur aufgebaut, du schaust in die Produktion und kannst das Team mit Fragen löchern. Vor Ort gibt's

PÂTISSERIE LA FLAMM

O, là, là! Croissants, die auf der Zunge zergehen, knackige Baguettes, knusprige Teigteilchen, köstliche Pralinés:

Lange illegal, heute nur noch sündig: Absinth in der Galerie Grüner Engel

den Kaffee frisch aus der Maschine. *Rösterei Sa 10–19 Uhr | Obere Neckarstr. 18 | Kaffeebohnenverkauf auch an anderen Orten | floriansteiner.com | Linie 35 Alte Brücke |* Östliche Altstadt | ⊞ H3

GALERIE GRÜNER ENGEL ★

Weltweit gibt es 600 Sorten Absinth, 280 Varianten der berühmt-berüchtigten Kräuterspirituose sind hier zu bekommen. Schon der außergewöhnlich gestaltete Laden selbst lohnt einen Blick. *Mo–Sa 11–20 Uhr | Untere Str. 14 | absinthehouse.com | Linie 35 Alte Brücke |* Östliche Altstadt | ⊞ H3

Verführung von Augen und Gaumen auf unnachahmliche, eben französische Art. *Mo–Fr 7.30–18.30, Sa 7.30–13.30, So 7.30–12.30 Uhr | Ladenburger Str. 15 | la-flamm-boulangerie-patisserie.business.site | Linie 5, 23, 29, 31 Brückenstraße |* Neuenheim | ⊞ F3; *Märzgasse 2 | Linie 5, 21–23, 26, 29, 31–35, 39 Bismarckplatz |* Westliche Altstadt | ⊞ G4

WEINHAUS FEHSER

Ein echtes Stück Heidelberg ist dieses Weinhaus, das eine große Auswahl internationaler Weine und Spirituosen in den Räumen einer Gründerzeitapotheke und im Keller lagert. Ge-

Einkaufen an der frischen Luft – besonders schön zur Spargelzeit

schenkidee: Weine aus südlichen Gefilden mit passenden Krimis. *Mo–Fr 9–19, Sa 9–18 Uhr | Friedrich-Ebert-Anlage 26 | fehser.de | Linie 20, 31–33 Friedrich-Ebert-Platz |* *Westliche Altstadt | ⌑ G4*

KUNSTGALERIEN

GALERIE MARIANNE HELLER
Die helle und großzügig gestaltete Galerie zeigt zeitgenössische keramische Kunst unterschiedlicher Stilrichtungen, mit wechselnden Sonderausstellungen. *Di–Fr 11–13 und 14.30–18, Sa 11–18 Uhr | Friedrich-Ebert-Anlage 2 | Im Stadtgarten | galerie-heller.de | Linie 21, 23, 26, 31, 33, 34 Adenauerplatz |* *Westliche Altstadt | ⌑ G4*

GALERIE P13
Die kleine Galerie bietet Raum für Arbeiten zeitgenössischer Künstler, regionale Kulturveranstaltungen und Künstlerisches mit Heidelberg-Bezug. *Do–Sa 14.30–18, So 14.30–17 Uhr | Pfaffengasse 13 | galerie-p13.de | Linie 35 Alte Brücke |* *Östliche Altstadt | ⌑ H3*

LEPANTO ATELIER-GALERIE
Bevorzugte Sujets des Landschaftsmalers Wassili Lepanto sind mediterrane Regionen und seine Wahlheimat Heidelberg. Seine von ökologischem Bewusstsein inspirierte Kunst kannst du auch als sehr preiswerte Bildkalender kaufen. *Mo–Fr 15–18, Sa 11–14 Uhr | Friedrich-Ebert-Anlage 11 | wassili-lepanto.de | Linie 20, 31–33 Friedrich-Ebert-Platz |* *Westliche Altstadt | ⌑ G4*

KUNSTGEWERBE & DESIGN

ALLES BLECH
Ein Laden, der eigentlich gar keiner ist, sondern ein Schaufenster mit ausge-

fallenen Blechschildern. Wer eines kaufen möchte, ruft unter der im Fenster angegebenen Telefonnummer an. *Hauptstr. 79 | Linie 31, 32, 35 Kongresshaus | Westliche Altstadt | ⬚ G4*

ELEKTRO RIMMLER – LICHTIDEEN

Eine Lampe ist eine Lampe? Hier ist sie mehr, als man sich vorstellen kann: faszinierendes Designobjekt, skurrile Kunst, Zierwerk in ungewöhnlicher Form, Flitter, Firlefanz und auf jeden Fall eine besondere Augenweide. Grandios kitschig ist auch das Schaufenster! *Mo–Sa 9.30–18.30 Uhr | Bergheimer Str. 30 | Linie 26, 34, 35 Altes Hallenbad | Bergheim | ⬚ F4*

THE RAIN BOX

„Eigentlich wollte ich es verschenken, aber dann habe ich es doch selbst behalten": Die Versuchung ist groß, wenn man eines von Paula Meleros tollen Keramikstücken kauft. Schlichte Dessins mit spannenden Details, auch mit Heidelberg-Motiven. Als Geschenk oder fürs heimische Wohnzimmer, plastikfrei verpackt. *Mo–Fr 10.30–18 Uhr | Dreikönigstr. 4 | paulafmelero. com | Linie 5, 23, 29, 31 Brückenstraße | Östliche Altstadt | ⬚ H3*

STILHOUSE

Alles Schöne für zu Hause findest du hier: Interieur, Licht, Design und mehr – eine Freude fürs Auge. Besonders gut geeignet zum Mitnehmen sind die hübschen versilberten Kerzenleuchter und Bilderrahmen, die es in großer Auswahl gibt. *Mo–Fr 10.30–18, Sa 10.30–14 Uhr | Brückenstr. 27 |*

stilhouse-design.de | Linie 5, 23, 29, 31 Brückenstraße | Neuenheim | ⬚ F3

MÄRKTE

Vor historischer Kulisse und in einzigartiger Atmosphäre finden diese Heidelberger ⚑ *Wochenmärkte* statt.

MARKT AUF DEM FRIEDRICH-EBERT-PLATZ ★

Neben dem Freitagsmarkt wird hier jeden Donnerstag ein kleiner, feiner Nachmittagsmarkt abgehalten – mit Köstlichkeiten wie saisonalem Obst und Gemüse aus der Region, knusprig-frischem Brot, internationalen Käsespezialitäten, hausgemachten Marmeladen, Knödeln und Pasta. *Do ganzjährig 15–20 Uhr, Fr April–Sept. 7–13, Okt.–März 8–13 Uhr | Linie 20, 31–33 Friedrich-Ebert-Platz | Westliche Altstadt | ⬚ G4*

INSIDER-TIPP
Pflichttermin

MARKT IN HANDSCHUHSHEIM ★

Obst und Gemüse, frisch geerntet von den Feldern direkt nebenan, gibt's auf dem Platz vor der Tiefburg im idyllischen Handschuhsheim. *Sa April–Sept. 7–13, Okt.–März 8–13 Uhr | Linie 5, 21, 23, 24, 38 Hans-Thoma-Platz | Handschuhsheim | ⬚ F1*

MARKTPLATZ NEUENHEIM ★

Spezialitäten vom Ziegenkäsehof oder vom Pfälzer Dampfnudelhäusel findest du an der Ladenburger Straße in Neuenheim. *Mi, Sa April–Sept. 7–13, Okt.–März 8–13 Uhr | Linie 5, 23, 29, 31 Brückenstraße | Neuenheim | ⬚ F3*

MODE, SCHMUCK & ACCESSOIRES

BLUME SUCHT VASE

Wunderschöne und ungewöhnliche Blumenkreationen für besondere Anlässe oder einfach mal zwischendurch. Reinkommen und staunen: Hier gibt es Pflanzen, die du noch nie in einem Blumenladen gesehen hast. *Di–Fr 9–18.30, Sa 9–16 Uhr | St.-Anna-Gasse 3 | blumesuchtvase.de | Linie 5, 21–23, 26, 29, 31–35, 39 Bismarckplatz | Westliche Altstadt | ⬚ F4*

CROTALIA

Schmuckunikate von höchster Goldschmiedekunst bietet das kleine, feine Geschäft. Ob schwarze Diamanten oder weiße Brillanten in ausgefallenen Kreationen – hier findet frau alles, was das Herz begehrt. *Di–Fr 14–18.30, Sa 10–14 Uhr | Brückenstr. 27 | crotalia.de | Linie 5, 23, 29, 31 Brückenstraße | Neuenheim | ⬚ F3*

FREMDFORMAT STUDIO

Fremdformat verwendet industrielle Materialien und Reste aus der metallverarbeitenden Industrie und kreiert daraus charakterstarke Schmuckunikate. Viele Stücke können individuell graviert werden. Nachhaltig, innovativ, besonders! *Di–Sa 12–18 Uhr | Bergheimer Str. 29 | fremdformat.de | Linie 26, 34, 35 Altes Hallenbad | Bergheim | ⬚ F4*

FRIDA HEIDELBERG

Hier kommt nur Handgemachtes in die Tüte! Bei FriDa begibst du dich auf Schatzsuche zwischen liebevoll selbst gefertigtem Schmuck, Kleidung und Seifen bis zu Möbeln von lokalen Designern. *Di–Sa 11–18 Uhr | Untere Str. 33 | fri-da.de | Linie 35 Alte Brücke | Östliche Altstadt | ⬚ H3*

GLORE

Glore steht für *globally responsible fashion* und bietet hochwertige Produkte, die im Einklang mit Mensch und Natur hergestellt werden. Klingt öko? Ist öko – und gleichzeitig cool, schick und lässig. Im Heidelberger Concept-Store gibt's Klamotten für jedes Geschlecht. *Mo–Fr 10.30–19, Sa 10.30–18 Uhr | Friedrich-Ebert-Anlage 1 | glore.de | Linie 20, 31–33 Friedrich-Ebert-Platz | Westliche Altstadt | ⬚ F4*

JUNI & CO.

Ui, ist das bunt hier! Das kleine Atelier in Neuenheim bietet individuelle Geschenk- und Dekorationsideen. Ideal für Mitbringsel und für Menschen, die eigentlich nichts brauchen – außer vielleicht „jenem wunderschönen Teil in genau dieser Farbe"?! *Di, Do, Fr 10–13 und 14.30–18, Mi 10–13, Sa 10–14 Uhr | Ladenburger Str. 31 | Facebook: AtelierJuniundCo | Linie 5, 23, 29, 31 Brückenstraße | Neuenheim | ⬚ F3*

SOUVENIRS & GESCHENKE

ALTSTADT-GALERIE STEFAN

Darf's was Hübsches sein? Eine Riesenauswahl an Originalradierungen und Aquarellen, die Heidelberg von seiner schönsten Seite zeigen, findest du hier in Rahmen und Rähmchen. *Mo–Sa 11–19 Uhr | Untere Str. 18 |*

altstadtgalerie-stefan.de | Linie 30–32 Universitätsplatz | Östliche Altstadt | ⌕ H3

ANTIQUARIAT HATRY

Zeit und Muße – die brauchst du, wenn du dieses riesige und urgemütliche Antiquariat betrittst. Beim Stöbern auf fünf Etagen (ca. 150 000 Bücher!) vergisst du nämlich ganz schnell, was du eigentlich noch für den Tag geplant hattest. *Mo–Sa 10.30–19 Uhr | Hauptstr. 119 | Facebook | Linie 30–32 Universitätsplatz | Östliche Altstadt | ⌕ G4*

BÜCHERGLÜCK – PETRAS BAHNSTADTBUCHHANDLUNG

INSIDER-TIPP
Da kann der Onlinehändler einpacken

Wunderschön gestalteter Laden mit kompetenter Buchhändlerin und richtig gutem Kaffee und Kuchen. Bücherherz, was willst du mehr? Tolle Stempel, Grußkarten ergänzen das Angebot. *Di–Sa | Pfaffengrunder Terrasse 6 | Facebook | Linie 22, 26 Gadamerplatz | Bahnstadt | ⌕ D5*

SCHREIBWAREN KNOBLAUCH

Trinken kannst du die „Spätburgunder-Weintinte" nicht, würdest du aber gern, so gut riecht sie. Handgefertigt ist auch die edle „Heidelberger Schlosstinte". *Mo–Fr 10–19, Sa 10–17 Uhr | Plöck 2 | ploeck2.de | Linie 5, 21–23, 26, 29, 31–35, 39 Bismarckplatz | Westliche Altstadt | ⌕ F4*

VIERLING

In diesem modern-eleganten Altstadtladen gibt es nichts, was nicht nach-

haltig, durchdacht und ökologisch wäre. Handgemachtes aus der Region, recycelte Glaswaren, außergewöhnliches Design – kurz: Dinge, die den All-

Für Leseratten mit Kaffeedurst gibt's den Buchladen Bücherglück

tag ein bisschen schöner und nachhaltiger machen. *Di, Do–Sa 10.30–19, Mi 10.30–18 Uhr | Theaterstr. 16 | vierling.eu | Linie 20, 30–33 Peterskirche | Westliche Altstadt | ⌕ G4*

WOLKENSEIFEN

Mit einer Deocreme begann 2010 die Erfolgsgeschichte von Wolkenseifen. Heute vertreibt die Manufaktur ein breites Angebot an Seifen, Pflegeprodukten und natürlich die berühmten Deocremes – mindestens eine solltest du mitnehmen. Im Ladenge-

INSIDER-TIPP
Das etwas andere Souvenir

schäft am Uniplatz werden Nase und Haut verwöhnt. *Mo–Sa 10–19 Uhr | Hauptstr. 135 | wolkenseifen.de | Linie 30–32 Universitätsplatz | Östliche Altstadt | ⊞ G4*

SÜSSES

CAFÉ GUNDEL ⚑

In einer der ältesten Bäckereien werden Spezialitäten wie „Heidelberger Pflastersteine" oder „Kurfürstenkugeln" hergestellt – mit Schokolade umhüllte Marzipankugeln, gefüllt mit Nougatcreme und Biskuit, mmmh! *Di–Fr 6–19, Sa, So 7–18 Uhr | Hauptstr. 212 | gundel-heidelberg.de | Linie 20, 33 Rathaus/Bergbahn | Östliche Altstadt | ⊞ H3*

CHOCAMI

Schokoladenfreunde lieben den Laden nahe beim Neuenheimer Marktplatz. Jedes Törtchen ist ein Kunstwerk, das Sortiment der handgefertigten Pralinen (Zitrone-Tonkabohne, Orange-Rosmarin) variiert je nach Saison. Phantastisches Eis gibt's von April bis Oktober. *Di, Do, Fr 10.30–18.30, Mi 9–18.30, Sa 9–16, So 14–17 Uhr | Ladenburger Str. 9 | chocami.de | Linie 5, 23, 29, 31 Brückenstraße | Neuenheim | ⊞ F3*

CHOCOLATERIE ST. ANNA NO. 1

Handgefertigte Trüffel, belgische Pralinen und Schokoladen aus aller Welt, die handgeschöpften Schokokreationen „Huckleberry Finn" sowie auserlesene Kaffeespezialitäten verführen die Sinne. Mit Stehcafé und Schokoladenbar. *Mo–Sa 10–20, So 11–20 Uhr | St.-Anna-Gasse 1 | chocolaterie-st-anna.de | Linie 5, 21–23, 26, 29, 31–35, 39 Bismarckplatz | Westliche Altstadt | ⊞ F4*

HEIDELBERGER STUDENTENKUSS ⚑

Damen rumkriegen im 19. Jh.? Der „Heidelberger Studentenkuss" machte es möglich! Der seit über 150 Jahren von der Familie Knösel in eigener Manufaktur hergestellte Pralinentaler lebt noch immer und schmeckt genauso köstlich wie damals, weil er zuckersüß auf der Zunge zergeht. Eine Garantie dafür, dass die Damenwelt des 21. Jhs. die Sache noch genauso zu schätzen weiß, gibt es allerdings nicht. *Tgl. 11–19 Uhr | Haspelgasse 16 | studentenkuss.com | Linie 35 Alte Brücke | Östliche Altstadt | ⊞ H3*

HEIDELBERGER ZUCKERLADEN ★

Hier geht's um Zucker, aber auch um Wunder und Magie. Der skurrile Laden (im Schaufenster steht ironischerweise ein Zahnarztstuhl) ist mit Süßigkeiten aus aller Welt vollgestopft. Und spätestens wenn die Inhaber Jürgen und Marion an der Kasse den Würfelbecher zum Spiel herausholen, bleibt die Zeit stehen. *Di–Fr 11–19, Sa 11–17 Uhr | Plöck 52 | zuckerladen.de | Linie 20, 30–33 Peterskirche | Westliche Altstadt | ⌑ G4*

HEIDELBONBON

Beim Betreten des Ladens entführt dich der betörende Bonbonduft in eine Welt aus Zucker, Formen und Farben. Handgemachte Süßigkeiten für den Eigenbedarf oder als leckeres Mitbringsel. In der Schaumanufaktur kannst du zusehen, wie die Leckereien entstehen. Unbedingt die Rhabarber-Sahne-Bonbons probieren! *Mo–Sa 10–18, So 11–18 Uhr | Steingasse 4 | heidelbonbon.de | Linie 35 Alte Brücke | Östliche Altstadt | ⌑ H3*

INSIDER-TIPP
Besser als Kuchen

MACARONNERIE

Im Schaufenster und in der Theke leuchten sie in den schönsten Bonbonfarben – Macarons der verschiedensten Geschmacksrichtungen. So süß und bunt kann das Leben sein! Außerdem gibt's frische Croissants und Patisserieteilchen sowie guten Kaffee. *Mo–Sa 7.30–18.30, So 8–18 Uhr | Sofienstr. 23 | macarons-heidelberg.de | Linie 5, 21–23, 26, 29, 31–35, 39 Bismarckplatz | Westliche Altstadt | ⌑ F4*

Bunt und süß ist das traditionelle französische Baisergebäck in der Macaronnerie

AUSGEHEN & FEIERN

Urige Kneipen in der Altstadt, angesagte Cocktailbars oder verborgene Jazzkeller: Die Heidelberger wissen die Nacht zu feiern!

Und, auch wenn man es fast glauben könnte, in Italien bist du nicht gelandet. Die Heidelberger bringen es dennoch fertig, selbst im Januar bei Sonnenschein dick eingemummelt draußen zu sitzen, Zeitung zu lesen und Cappuccino zu trinken. Warme Sommerabende genießt man überall in der Stadt draußen, auch die kleinste Taverne hat Stühle draußen stehen.

Für einen spannenden Cocktail zieh einfach mal durch Heidelbergs Altstadt

Wenn dann die Nacht hereinbricht, werden nicht etwa die Gehsteige hochgeklappt. Dann geht es erst so richtig los: In der Altstadt steppt vor allem in der Unteren Straße und in den Seitengassen östlich des Universitätsplatzes der Bär. Aber auch in Bergheim, der Weststadt und der Bahnstadt wird ausgegangen und getanzt, zum Beispiel bei Partys und Konzerten in der *Halle 02*.

Wer Theater und klassische Konzerte liebt, hat sollte frühzeitig Karten reservieren – das Angebot ist sehr vielseitig, aber nicht gerade riesig.

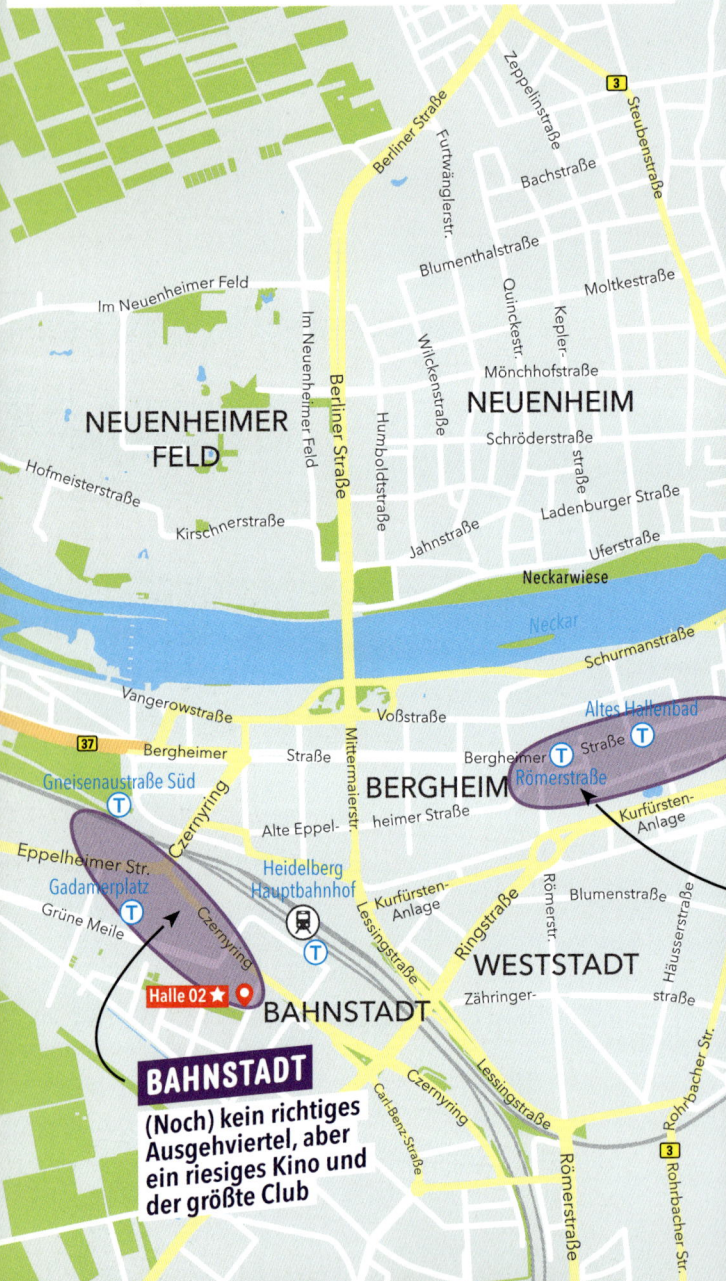

WO HEIDELBERG AUSGEHT

Zeppelinstraße

3

Steubenstraße

Berliner Straße

Furtwänglerstr.

Bachstraße

Blumenthalstraße

Im Neuenheimer Feld

Quinckestr.

Kepler-

Moltkestraße

Wilckenstraße

Mönchhofstraße

NEUENHEIM

Berliner Straße

Im Neuenheimer Feld

Schröderstraße

NEUENHEIMER FELD

straße

Hofmeisterstraße

Humboldtstraße

Ladenburger Straße

Kirschnerstraße

Jahnstraße

Uferstraße

Neckarwiese

Neckar

Schurmanstraße

Vangerowstraße

Voßstraße

Altes Hallenbad

37

Bergheimer

Straße

Mittermaierstr.

Bergheimer

T

Straße

T

Gneisenaustraße Süd

T

Alte Eppel-

heimer Straße

BERGHEIM

Römerstraße

Kurfürsten-Anlage

Eppelheimer Str.

Czernyring

Heidelberg Hauptbahnhof

Kurfürsten-Anlage

Ringstraße

Römerstr.

Blumenstraße

Gadamerplatz

T

Grüne Meile

Czernyring

Lessingstraße

WESTSTADT

Häußerstraße

Halle 02 ★

BAHNSTADT

Zähringer-

straße

Czernyring

Lessingstraße

Rohrbacher Str.

Carl-Benz-Straße

Römerstraße

3

BAHNSTADT

(Noch) kein richtiges Ausgehviertel, aber ein riesiges Kino und der größte Club

★ **CAVE 54**
Der Jazzkeller ist Treffpunkt für die internationale Szene von Jazz, Blues und Rock ➤ S. 88

★ **HALLE 02**
Bands und DJs rocken die Lagerhallen des ehemaligen Güterbahnhofs ➤ S. 88

★ **KARLSTORBAHNHOF**
Musikevents, Kabarett, Comedy: Station für Kunst und Künstler ➤ S. 89

★ **THEATER & ORCHESTER DER STADT HEIDELBERG**
Kultureller Mittelpunkt mit Oper und Konzert, Schauspiel, Tanz und Festivals. Sogar ein eigenes Ensemble für Kinder- und Jugendtheater gehört zum Haus ➤ S. 91

★ **ZIMMERTHEATER**
Nicht nur in Heidelberg bekannt: In dem kleinen Privattheater bist du ganz nah dran ➤ S. 91

BARS & KNEIPEN

BENT BAR

Vergiss die alten Tanten Pina Colada oder Sex on the Beach. In der umgebauten Zweizimmerwohnung, dekoriert im Stil der 1960er- und 1970er-Jahre, warten klangvollere Namen wie „Pick me up" oder „Red Moon" auf dich. Das Beste daran? Die Drinks sind nicht teurer als in einer herkömmlichen Cocktailbar. Die Macher mixen hier selbst für ihre rund zwanzig Gäste. Lust auf ein Experiment mit Ingwer oder Ahornsirup? *Mo-Sa 19-2 Uhr | Leyergasse 2 | bentbar.de | Linie 33, 35 Neckarmünzplatz | Östliche Altstadt | ☐ H3*

BISTRO FANDANGO

Die Kultkneipe in Rohrbach! Ein ganzes Stück weg vom Trubel der Altstadt, und doch fühlt man sich hier mittendrin. Gutes Bier, viel Stammkundschaft, ab und zu Livemusik und ab-

WOHIN ZUERST?

Heidelberg bei Nacht, das heißt nur wenige Schritte laufen und viel Auswahl haben. Wo genau du deinen ersten Drink nimmst, ist fast egal. Wenn du allerdings in der **Unteren Straße** *(☐ H3)* startest, wo sich eine Bar an die andere reiht, ist die Wahrscheinlichkeit groß, dass du hier hängen bleibst. Deshalb kann es ratsam sein, in einer anderen Ecke, z. B. in Bergheim, zu beginnen und sich dann erst dem Altstadttrubel hinzugeben.

wechslungsreiche Sonderaktionen (auch zugunsten sozialer Projekte). *Mo-Do 11-0, Fr-Sa 11-5, So 12-20 Uhr | Herrenwiesenstr. 2/1 | Facebook | Linie 23, 24, 29 Rohrbach Markt | Rohrbach | ☐ F8*

COCKTAILCAFÉ REGIE

Du liebst Mojito, Caipirinha oder Negroni? Tja, die gibt es hier nicht. Aber keine Sorge: Hinter den Filmtiteln auf der Karte verbirgt sich genau, was du willst – bei der Suche hilft man dir gern. Riesige Auswahl an Cocktails und Spirituosen und kleine, aber feine Speisekarte. Die Gin-tastings sind der Knaller, müssen aber vorab gebucht werden. *Sa-Mi 12-1, Do-Fr 12-3 Uhr | Theaterstr. 2 | regie-heidelberg.de | Linie 30-32 Universitätsplatz | Westliche Altstadt | ☐ G4*

> **INSIDER-TIPP**
> **Zum Gin-experten an einem Abend**

DESTILLE ⚑

Die holzgetäfelte Kultkneipe ist am Wochenende immer voll. Die Bar befindet sich in der Mitte des Lokals unter einem riesigen Akazienbaum. Berühmt ist die Destille für gewagte Schnapskreationen wie den „Gehängten" oder den sagenumwobenen „Warmen Erpel". Was da drin ist, weiß keiner so genau, aber wer ihn nicht probiert hat, war nicht in Heidelberg. Nach dem Motto: Wer den Erpel nicht ehrt, ist den Feigenwodka nicht wert. Der ist nämlich richtig lecker! *Tgl. ab 12 Uhr | Untere Str. 16 | destilleonline.de | Linie 35 Alte Brücke | Östliche Altstadt | ☐ H3*

> **INSIDER-TIPP**
> **Ein Erpel muss sein!**

Drinks wie aus dem Drehbuch im Cocktailcafé Regie

FRIEDRICH

Das Friedrich ist Wohnzimmer und Bar zugleich: Tagsüber gibt's Kaffee und Kuchen, abends freust du dich über Snacks und die sehr gute Getränkekarte. Erklärungen helfen dir bei der Auswahl deines Drinks, auf Nachhaltigkeit und Regionalität wird geachtet. *Mo–Do 10–24, Fr, Sa 10–2, So 12–22 Uhr | Friedrich-Ebert-Anlage 1 | friedrich.bar | Linie 20, 31–33 Friedrich-Ebert-Platz | Westliche Altstadt | ⊞ F4*

GOLDENER REICHSAPFEL & 'S LAGER

Das Lokal hat es durch seine langjährige Beliebtheit bei den Studierenden als Steh- und Musikkneipe allmählich verdient, in die Kategorie der „historischen" Studentenkneipen aufgenommen zu werden. Aus dem Bierlager und dem Hinterhausgastraum wurde das „Lager", eine schöne Mischung aus Bistro und Abendkneipe: halb Design, halb Historie unter hohen Decken. *Tgl. ab 19 Uhr | Untere Str. 35 | Facebook: reichsapfel-lager | Linie 35 Alte Brücke | Östliche Altstadt | ⊞ H3*

KULTURBRAUEREI

Abendlicher Treffpunkt nebst Hotel in der Altstadt. Die Kunst des Bierbrauens verbindet sich mit deftigen Speisen und einer rustikalen, doch stilvollen Atmosphäre. Bei einer ☂ Brauereiführung erhältst du Einblicke in die Braukunst und ihre Geschichte – und natürlich auch verschiedene Biersorten zum Probieren. *Tgl. 11.30–23 Uhr | Leyergasse 6 | heidelberger-kulturbrauerei.de | Linie 33, 35 Neckarmünzplatz | Östliche Altstadt | ⊞ H3*

Stil und feine Getränke findest du abends in Pino's Bar

LINO'S

„The lovely place" lautet der Untertitel dieser loungigen Bar auf der Bergheimer Straße. Tolles Ambiente, sehr hochwertige Cocktails, faire Preise, gemischtes Publikum. Wenn du ein Herz für gute Drinks hast, wirst du das Lino's lieben! *Mo–Do 17–1, Fr–Sa 17–2 Uhr | Bergheimer Str. 21 | Facebook: LinosCocktailbar | Linie 5, 21–23, 26, 29, 31–35, 39 Bismarckplatz | Bergheim | ▢ F4*

DER MOHR

Es gibt einen großen und einen kleinen Mohren, die dicht beieinanderliegen und zu den klassischen Studentenkneipen zählen. Gute Cocktails und drangvolle Enge erleichtern die Kontaktaufnahme zu den anderen Gästen. Wer als Nichtraucher nicht ersticken möchte, tut gut daran, im großen Mohren zu bleiben. *Mo–Mi 18–1, Do 18–2, Fr 18–3, Sa 12–3, So 12–24 Uhr | Untere Str. 5–7 | Linie 35 Alte Brücke | Östliche Altstadt | ▢ H3*

NEO

Einmal um die Welt oder doch direkt ins Neo? Am Kopfende der Lagerhallen des ehemaligen Güterbahnhofs liegt das kulinarische Zentrum der Bahnstadt. In dem Restaurant mit Bar gibt's Rum aus Venezuela, Whisky aus Japan, Wodka aus Neuseeland oder einen feinen Tropfen von der eigenen Weinkarte. Das alles schlürfst du auf der Terrasse und im extrem stylishen Innenraum mit Blick auf die offene Küche. *Di–Do 17.30–1, Fr, Sa 17.30–2 Uhr | Zollhofgarten 2 | neo-heidelberg. de | Linie 22, 26 Gadamerplatz | Bahnstadt | ▢ D5*

ORANGE

Als Tourist muss man den Laden erst einmal finden, denn von außen wirkt das Orange recht unscheinbar. Für viele Heidelberger ist es jedoch wie ein zweites Zuhause: In der Eckkneipe wird unter orange glimmendem Licht geraucht, Bier und Wein getrunken und gesellig gespielt. Sogar Essen darf mit rein. *So–Mi 18–1, Do 18–2, Fr, Sa 18–3 Uhr | Ingrimstr. 26 | orange-heidelberg.de | Linie 33 Rathaus/Bergbahn | Östliche Altstadt | ▢ H4*

PALMBRÄUGASSE

Das Lokal ist tatsächlich so groß, dass es Ein- und Ausgänge sowohl an der

Hauptstraße als auch an der Unteren Straße hat. Wenn die meisten anderen Küchen schon geschlossen haben, gibt es hier zum kühlen Bier am Wochenende bis nach Mitternacht noch etwas zu essen, beispielsweise Flammkuchen. *So–Do 11.30–1, Fr, Sa 11.30–3 Uhr | Hauptstr. 185 | palm braeugasse.de | Linie 35 Alte Brücke | Östliche Altstadt | ◫ H3*

PINO'S BAR

„Pino war der Inbegriff eines ausgezeichneten Gastgebers, er liebte es, Menschen zusammenzubringen": Die Bar im Restaurant 959 ist einem Freund der Betreiber gewidmet. Exzellente Drinks in stilvoller Atmosphäre. Gesalzene Preise, aber wenn du mit deinem Dry Martini in den tiefen Sesseln der Zigarrenlounge versinkst, fühlst du dich fast wie James Bond! *Mi–So ab 18 Uhr | Friedrich-Ebert-Anlage 2 | 959heidelberg.com/pinos-bar | Linie 5, 20–23, 26, 33, 34, 39 Seegarten | Westliche Altstadt | ◫ F–G4*

INSIDER-TIPP
007 wäre neidisch

P11

Vor allem bei Studenten beliebte Cafébar am Römerkreis. Wohnzimmeratmosphäre, normale Preise, nette Bedienung – perfekt, um den Tag gemütlich ausklingen zu lassen. Ein guter Platz sind auch die Barhocker an der Fensterfront. Unter der Woche wird ein preiswerter Mittagstisch angeboten. *Mo–Fr 9–3, Sa 10–3, So 12–23 Uhr | Bahnhofstr. 63 | p11-hd.de | Linie 23, 24 Römerkreis Süd | Weststadt | ◫ F4*

SCHILLING ROOFBAR

Die Rooftopbar im 7. Obergeschoss des „Kraus-Turms" steht für harmonische Drinks von höchster Qualität und für die beste Aussicht in Bergheim. Gepaart mit Hochprozentigem kann der Blick auf das nächtliche Heidelberg für leichten Schwindel sorgen. Sushi gibt's ein Stockwerk höher – hat zwar seinen Preis, ist aber zum Niederknien! *Di–Do, So 18–0, Fr–Sa 18–1 Uhr | Alte Glockengießerei 9 | schilling roofbar.com | Linie 5, 20–23, 26, 29, 32, 33, 35, 39 Stadtbücherei | Bergheim | ◫ F4*

SONDERBAR

Eine echte Heidelberger Institution, die „betreutes Trinken" verspricht – und das nicht nur bei den 30 Sorten Absinth, die hier in den Regalen stehen. Zu empfehlen oder auch nicht: Ernest Hemingways Lieblingsdrink „Tod am Nachmittag" (Absinth mit Sekt). *Tgl. ab 14 Uhr | Untere Str. 13 | Linie 35 Alte Brücke | Östliche Altstadt | ◫ H3*

CLUBS & KONZERTE

BREIDENBACH STUDIOS

Früher wurden in der Hebelstraße 18 Gasflaschen neu befüllt. Jetzt befinden sich in dem ehemaligen Industriegebäude Ateliers und Werkstätten, Proberäume und Büros. Außerdem finden regelmäßig Kulturveranstaltungen und Partys (elektronische Musik) statt. Hinter dem Breidenbach-Studio-Label verbirgt sich auch ein Musiklabel und DJ-Kollektiv. *Hebelstr. 18 | breidenbachstudios.*

Programmkino mit Popcorn: Gloria und Gloriette in der Hauptstraße

de | Linie 26, 33 Rudolf-Diesel-Straße | Weststadt | ⌖ E5

CAVE 54 ⭐
Der Gewölbekeller in der Altstadt, in den du über eine schmale Wendeltreppe hinabsteigst, gilt als ältester Studentenjazzclub Deutschlands. Zahlreiche internationale Größen wie Louis Armstrong oder Carlos Santana spielten schon hier. Heute steigen hier Partys und Jazznights. Di 20.30–3, Do 22–3, Fr-Sa 22–5 Uhr | Krämergasse 2 | cave54.de | Linie 33 Rathaus/Bergbahn | Östliche Altstadt | ⌖ H4

GINSBURG
Mit dem Ginsburg kam eine dicke Portion Großstadt nach Heidelberg. Wer auf guten Whisky, fein gemixte Drinks und lokale DJs steht, ist hier richtig. Sehr lässig, ein bisschen verrucht und meistens ziemlich verraucht. Wer das

gar nicht mag, bleibt lieber draußen. Mo-Do 19.30–2, Fr, Sa 19.30–3 Uhr | Friedrich-Ebert-Anlage 1 | Linie 20, 31–33 Friedrich-Ebert-Platz | Westliche Altstadt | ⌖ F4

HALLE 02 ⭐
Das Kultur- und Konzerthaus im ehemaligen Güterbahnhof ist einer der Hotspots, wenn es ums Partymachen geht. 90er-Partys, Indie, Elektro und diverse Liveacts gibt es nachts in den alten Lagerhallen auf die Ohren. Neben etablierten Künstlern rocken hier auch Newcomer die Bühne. Tagsüber steigen in den Hallen kulturelle Events, Kunstausstellungen und Flohmärkte. Im Sommer lässt es sich mit einem Bier oder Eis super auf der Wiese neben den Hallen entspannen. Öffnungszeiten und Eintrittspreise je nach Veranstaltung | Tel. 06221 3 38 99 90 | Zollhofgarten 2 | halle02.

de | Linie 22, 26 Hauptbahnhof Süd | Bahnstadt | 🗺 D5

JAZZHAUS-HD

Der private Jazzclub lädt zu Livemusik mit Bands aus der Region und internationalen Ensembles ein. In dem 400 Jahre alten Gewölbekeller, in dem schon Ende des 17. Jhs. Bier gebraut wurde, finden im Jahr ca. 150 Konzerte statt. Der Keller ist per Aufzug zu erreichen. *Mi–Sa ab 21.30 Uhr (Einlass ab 20 Uhr) | Leyergasse 6 | jazzhaus-hd.de | Linie 33, 35 Neckarmünzplatz | Östliche Altstadt | 🗺 H3*

KARLSTORBAHNHOF ★

Das soziokulturelle Zentrum im alten Bahnhof ist bekannt für seine Konzerte und DJ-Events, aber auch für seine Kabarett-Kleinkunst-Comedy-Veranstaltungen. Ein Umzug in die Südstadt steht an. *Öffnungszeiten und Eintrittspreise je nach Veranstaltung | Am Karlstor 1 | Tel. 06221 97 89 11 | karlstorbahnhof.de | Linie 30, 33, 35 S-Bahnhof Altstadt | Östliche Altstadt | 🗺 J3*

VILLA NACHTTANZ

Du magst es unkommerziell und bunt? Dann bist du in dem ehemaligen Wohnhaus genau richtig. Die Villa Nachttanz atmet pure Nischenkultur. Es gibt einen Crêpestand, eine Livebühne, zwei Floors (meist Elektro und Punkrock) und unglaublich viele Ehrenamtliche, die den Laden stemmen. Im Sommer Lagerfeuer, Feuerspucker und ab in die Hollywoodschaukel. *Termine je nach Veranstaltung | Im Klingenbühl 6 | Facebook: Villa*

Nachttanz | Linie 22 Kranichweg | *Pfaffengrund* | 🗺 A–B4

GLORIA/GLORIETTE ☂

Kleines Programmkino mit Charme. Das Gloriette zeigt oft Filme in der Originalfassung. **Für ordentlich Nostalgie sorgt auch die rote Popcornmaschine im Eingang.** *Hauptstr. 146 | Tel. 06221 2 53 19 | gloria-kamera-kinos.de | Linie 30–32 Universitätsplatz | Östliche Altstadt | 🗺 H3*

INSIDER-TIPP
Original genießen

KAMERA

Gemütliches Programmkino, das für seine hervorragende Programmgestaltung schon mehrfach ausgezeichnet wurde. *Brückenstr. 96 | Tel. 06221 40 98 02 | gloria-kamera-kinos.de | Linie 5, 23, 29, 31 Brückenstraße | Neuenheim | 🗺 F3*

Einsteigen und abfahren – super Stimmung im Karlstorbahnhof

LUXOR FILMPALAST

Der Filmpalast in der Bahnstadt zeigt in 16 Kinosälen – inklusive Open-Air-Saal auf dem Dach – Blockbuster und Programmkino. Es ist das weltweit erste Passivhauskino überhaupt. Eine Besonderheit ist auch das 9 m hohe Riesenaquarium (450 000 l) im Foyer. *Eppelheimer Str. 6 | Tel. 06221 14 35 27 44 | luxor-kino.de/heidel berg | Linie 22, 26 Gadamerplatz | Bahnstadt | ⟁ D4*

DAI

Das Deutsch-Amerikanische Institut Heidelberg hat politische, kulturelle und gesellschaftliche Themen im Programm, manche in deutscher, andere in englischer Sprache. *Kartenvorver kauf im 2. OG Mo–Fr 13–18 Uhr | Sofienstr. 12 | Tel. 06221 6 07 30 | dai-heidelberg.de | Linie 21, 23, 26, 31, 33, 34 Adenauerplatz | Westliche Altstadt | ⟁ F4*

FLAGGSCHIFF DER WEISSEN FLOTTE

Events auf dem Wasser: Von Mai bis Oktober feuert das Flaggschiff der Weißen Flotte, die *Königin Silvia,* ein buntes Unterhaltungsprogramm ab. Musicals, Comedy, Partys, Dinner- und Brunchevents werden im Rahmen einer drei- bis vierstündigen Neckarflussfahrt geboten. *Abfahrtstelle: Schiffsanleger Stadthalle | Neckarstaden 25 | Tel. 06221 2 01 81 | weisse-flotte-heidelberg.de | Linie 31, 32, 35 Kongresshaus | Westliche Altstadt | ⟁ G3*

Wenn der Zoo zur Bühne wird: Aufführung des Theaters Heidelberg im Elefantenhaus

TAETER-THEATER
Auf der Theaterbühne im Hinterhof des Landfriedhauskomplexes stehen keine ausgebildeten Schauspieler, sondern Laien. Das Repertoire reicht von Lessing, Goethe und Kafka bis rein in die Gegenwart. Immer wieder gibt's öffentliche Proben bei freiem Eintritt. *Bergheimer Str. 147 | Tel. 06221 16 33 33 | taeter-theater.de | Linie 21, 24, 26, 32, 34, 35, 37 Betriebshof | Bergheim | ⌖ E4*

THEATER & ORCHESTER DER STADT HEIDELBERG ★
Anspruchsvolles Programm mit Oper, Konzert, Schauspiel und Tanz sowie einem eigenen Ensemble für 👥 Kinder- und Jugendtheater. Außerdem veranstaltet das Theater überregional bekannte Festivals wie die Heidelberger Schlossfestspiele, den Heidelberger Stückemarkt, die Tanzbiennale Heidelberg und das Barockfest *Winter in Schwetzingen. Theaterstr. 4 | Tel. 06221 5 82 00 00 | theaterheidelberg. de | Linie 30–32 Universitätsplatz | Westliche Altstadt | ⌖ G4*

UNTERWEGSTHEATER
Baden-Württembergs einziges professionelles freies Tanztheater. Durch Tanz, Akrobatik und Schauspiel werden neue Kunst- und Ausdrucksformen geschaffen – zusammen mit Architektur, neuen Medien, zeitgenössischer Musik, bildender Kunst und Lichtdesign. Sehr spannend! *Hebelstr. 9 | unterwegstheater.de | Linie 26, 33 Rudolf-Diesel-Straße | Weststadt | ⌖ E5*

ZIMMERTHEATER ★
Eine Institution! Das 1950 gegründete Privattheater ist weit über Heidelberg hinaus bekannt. In unmittelbarer Nähe zur Bühne erlebst du hier zumeist zeitgenössische Stücke. Vorteil der geringen Größe: Man sieht von überall gut. *Hauptstr. 118 | Tel. 06221 2 10 69 | zimmertheaterhd.de | Linie 30–32 Universitätsplatz | Östliche Altstadt | ⌖ G4*

ZWINGER 1 👥
Auf der Studiobühne des Heidelberger Theaters werden regelmäßig Stücke zeitgenössischer Autoren gespielt. Das Kinder- und Jugendtheater bietet Theater auch für die Allerkleinsten ab zwei Jahren. *Zwingerstr. 3–5 | Tel. 06221 5 83 50 20 | theaterheidelberg. de | Linie 30–32 Universitätsplatz | Östliche Altstadt | ⌖ H4*

AKTIV & ENTSPANNT

Viel Platz zum Sonnen, Flirten, Spielen: die Neckarwiese

SPORT, SPASS & WELLNESS

Wenn du die Sportklamotten auspacken möchtest, bist du in Heidelberg richtig. Aber auch für Entspannung nach dem Training (oder Sightseeing) ist gesorgt.

RADFAHREN

Ob Cityrad, E- oder Mountainbike: In Heidelbergs Umgebung gibt es tolle Routen für jeden Anspruch. Wer keine Angst vor dem einen oder anderen Höhenmeter hat, wird mit spektakulären Ausblicken belohnt. Für MTB-ler spannend sind vor allem der *Königstuhl* und der *Heiligenberg* mit der Thingstätte.

INSIDER-TIPP
Keine Gnade für die Wade!

KLETTERN

Es darf gekraxelt werden! Ein Kletterparadies ist der *Schriesheimer Steinbruch,* ca. 8 km von Heidelberg entfernt. Als Anfänger oder fortgeschrittener Kletterer kletterst du auf gut gesicherten Routen und, dank der geschützten Lage, zu fast jeder Jahreszeit. Indoor-Muskelkater gibt's im *Boulderhaus (boulderhaus.de).*

LAUFEN, TRIATHLON & TRAILRUNNING

Für schnelle, lange Straßenläufe taugt das Heidelberger Stadtgebiet nicht. Entsprechend außergewöhnlich und abwechslungsreich sind die Sportveranstaltungen, die hier ausgetragen werden: Der *Halbmarathon* (April) führt unter anderem auf den Philosophenweg. Der *HeidelbergMan* (Juli) rund um das Heidelberger Schloss gilt als einer der reizvollsten Triathlons in Deutschland. Beim *Trailmarathon* (Oktober) geht es über 1400 Höhenmeter hoch und runter. Gegen Ende wartet die *Himmelsleiter* – eine aus 850 Stufen bestehende Natursandsteintreppe rauf zum Königstuhl.

Immer schön an Bo(a)rd bleiben beim Paddeln auf dem Neckar

Eigentlich willst du nur ganz entspannt joggen? Dann ab ins Neuenheimer Feld, da ist es ruhig, eben und (fast) autofrei. Über das Stauwehr Wieblingen (nahe dem Marriott Hotel) auf die andere Neckarseite, links abbiegen und immer am Kanal entlang in Richtung Ladenburg.

SCHWIMMEN & WASSERSPORT

Bahnen ziehen und planschen kannst du im Sommer im Thermalbad oder im Tiergartenbad neben dem Zoo. Das *City-Bad im Darmstädter Hof Centrum (swhd.de/city-bad)* mitten in der Heidelberger Innenstadt ist ideal für alle, die zwischendurch schnell schwimmen gehen möchten.

Rudern, Tretboot, Stand-Up-Paddling – auf dem Neckar herrscht an schönen Sommertagen Hochbetrieb. Fast alles ist erlaubt (Ausnahme: von Brücken springen!), jedoch: Beim Gedanken an ein ausgiebiges Bad im Neckar rümpfen die meisten Heidelberger die Nase, die Wasserqualität ist mäßig.

BEI REGEN

Der Indoor-Trampolinpark ☂ *Sprungbude (sprungbude-heidelberg.de)* gehört zu den neuesten Sportangeboten in Heidelberg. Ebenso viel Energie loswerden kannst du in der ☂ *Socc-Arena (soccarena-hd.de)* – bei Indoor-Soccer, Badminton, Tennis, Squash und Tischtennis.

ENTSPANNUNG

Reingehen und erholt wieder rauskommen: Das *Day Spa im Europäischen Hof (europaeischerhof.com)* steht auch Nichthotelgästen zur Verfügung. Eine Dreiviertelstunde im *Salzraum Heidelberg (salzraum-heidelberg.de)* wirkt so erholsam wie ein Tag am Meer und verspricht eine positive Wirkung auf Atemwegsystem.

FESTE & EVENTS

JANUAR/FEBRUAR

Anbaden im Neckar: Kaum steigen die Temperaturen über den Gefrierpunkt, versuchen die Heidelberger den Frühling herbeizuplanschen. Zum Aufwärmen gibt's heiße Suppe und eine kleine Sauna. *neckarorte-heidelberg.de*

Fasching: Am Faschingsdienstag schlängelt sich der „Narrenwurm" (Umzug) durch die Innenstadt.

MÄRZ/APRIL

Heidelberger Frühling: Klassische Konzerte von Weltstars und jungen Talenten. Ein Dialog zwischen Literatur und Musik mit über 80 Veranstaltungen. *heidelberger-fruehling.de*

APRIL/MAI

Heidelberger Stückemarkt: Theaterfestival und Dramatikerwettbewerb für junge Autoren. Neue Stücke werden gelesen und herausragende Uraufführungen zu Gastspielen eingeladen. *theaterheidelberg.de*

Halbmarathon: Anspruchsvoller und landschaftlich wunderschöner Lauf Ende April. Die Route führt auch über den Philosophenweg. *tsg78-hd.de*

MAI/JUNI

Heidelberger Literaturtage: Das viertägige Festival im Jugendstil-Spiegelzelt auf dem Universitätsplatz lädt zu Lesungen und in eine Schreibwerkstatt ein. *heidellittage.de*

JUNI/JULI

Handschuhsheimer Kerwe: Im Juni wird die Tiefburg zum Treffpunkt für alle, die gern zünftig feiern – mit Wein, Bier und Hausgemachtem.

Lebendiger Neckar: Von Eberbach bis Ladenburg wird am Flussufer gefeiert. Mit bunten Veranstaltungen und (Quietsche-)Entenrennen in Heidelberg. *lebendigerneckar.de*

Heidelberg im Sommer ist nicht zu toppen? Schau mal zu Weihnachten vorbei

Metropolink Festival: Im Juli steigt dieses Festival, bei dem Graffiti- und Street-Art-Künstler Hausfassaden verwandeln. Touren im Cabriobus verraten Insiderinfos, Künstlerbiografien und Stilrichtungen. *metropolink-festival.de*

JUNI–AUGUST

⭐ **Heidelberger Schlossfestspiele:** Zauberhafte Atmosphäre: In den Schlossanlagen finden die Schlossfestspiele mit Theater und Konzerten statt. Rechtzeitig Tickets sichern! *theaterheidelberg.de*

JUNI–SEPTEMBER

⭐ **Schlossbeleuchtung:** Dreimal im Sommer steigen von der Alten Brücke die Raketen in den Nachthimmel: bei der Schlossbeleuchtung mit farbenprächtigem Brillantfeuerwerk. Nicht versäumen! *heidelberg-marketing.de*

SEPTEMBER

⭐ **Heidelberger Herbst:** Hauptstraße und Altstadt sind ein einziger Festplatz. Schlemmerbuden, Livemusik und viele Menschen. Hinterhofflohmärkte in den Altstadtgassen am Samstag, Familienherbst am Sonntag. *heidelberg-marketing.de*

OKTOBER/NOVEMBER

Enjoy Jazz: Sechswöchiges Festival mit Vertretern der Jazzspitzenklasse in Heidelberg, Mannheim und Ludwigshafen. *enjoyjazz.de*

NOVEMBER/DEZEMBER

Internationales Filmfestival Mannheim-Heidelberg: Erstlingswerke werden vorgestellt, neue Regisseure entdeckt. *iffmh.de*

Weihnachtsmarkt: Festliche Lichtprojektionen am Rathaus und weihnachtliches Markttreiben auf fünf Plätzen der Stadt. *heidelberg-marketing.de*

SCHÖNER SCHLAFEN

LAGE, LAGE, LAGE

Damit kann das *Rafaela Hotel Heidelberg* (*27 Zi.* | *Lutherstr. 17* *Tel. 06221 6 74 33 00* | *rafaela-hotel.com* | *Linie 5, 23, 29, 31 Brückenstraße* | *€€* | *Neuenheim* | *⟁ F3*) dienen: zwei Minuten zum Neckar, fünf Minuten zum Philosophenweg, sieben Minuten zum Bismarckplatz. Rund um den Marktplatz gegenüber schlägt das Herz Neuenheims! **Schickes kleines Boutiquehotel mit Frühstück vom Markt und Bäcker nebenan.** Es sind auch Familienzimmer vorhanden.

INSIDER-TIPP
Frühstück wie bei Oma

EINMAL UM DIE WELT

Wo wachst du heute auf? Klar, mitten in der Heidelberger Altstadt. Oder doch in Australien, wo alles kopfsteht? Oder in einer Holzhütte in den Schweizer Bergen? Im *Hip-Hotel* (*27 Zi.* | *Hauptstr. 15* | *Tel. 06221 2 08 79* | *hip-hotel.de* | *Linie 30–32 Universitätsplatz* | *€€€* | *Westliche Altstadt* | *⟁ G3*) katapultiert dich jedes Zimmer an einen anderen Ort dieser Erde.

ES GRÜNT SO GRÜN

Ökologie, Fairtrade, Nachhaltigkeit – das sind die Schlagworte, die das *Qube Hotel* (*44 Zi.* | *Bergheimer Str. 74* | *Tel. 06221 18 79 90* | *qube-hotel-heidelberg.de* | *Linie 22, 32, 35 Römerstraße* | *€€€* | *Bergheim* | *⟁ E4*) auszeichnen. Moderne, lichtdurchflutete Zimmer, ein Slow-Food-Restaurant und eine Gartenterrasse in der *Qube Villa* (*Bergheimer Str. 68*). Klingt gar nicht typisch öko? Ist es auch nicht!

FLOTTE LOTTE

Im *Hostel Lotte* (*8 Zi.* | *Burgweg 3* | *Tel. 06221 7 35 07 25* | *lotte-heidelberg. de* | *Linie 20, 33 Rathaus/Bergbahn* | *€* | *Östliche Altstadt* | *⟁ H4*) wohnst du

mitten in der Altstadt. Es gibt eine moderne Küche und ein Wohnzimmer mit Möbeln der 1950er- und 1960er-Jahre, sanitäre Einrichtungen auf dem Flur. Zweckmäßig, aber mit viel Liebe und Charme!

FEUERFEST

Eine originale Renaissancefassade in Heidelberg? Das *Hotel Zum Ritter St. Georg (37 Zi. | Hauptstr. 178 | Tel. 06221 13 50 | hotel-ritter-heidelberg. com | Linie 33 Rathaus/Bergbahn | €€€ | Östliche Altstadt | ▢ H3)* war das einzige Bürgerhaus, das dem Feuersturm der Franzosen im Pfälzer Erbfolgekrieg standhielt. Du hast die Wahl zwischen romantischen Zimmern im alten und modernen Zimmern im neuen Teil des Hauses.

DSCHUNGELTRAUM

Eine Erholungsoase, die wie ein Dschungel aussieht? Das *Ninety-Nine Hotel Heidelberg (41 Zi. | Czernyring 26–28 | Tel. 06221 4 34 47 50 | 99-hotels.com | Linie 22, 33 Montpellier-brücke | €€ | Bahnstadt | ▢ F5)* ist bunt und modern, fröhlich, super ausgestattet und tiefenentspannt. Das Haus liegt nicht in der Altstadt, was dem Preis-Leistungs-Verhältnis jedoch sehr guttut. Mit Bowl Bar und E-Bike-Verleih.

SCHÖNHEITSKÖNIGIN

Schwer zu sagen, was das Schönste am *Hotel Zur Alten Brücke (12 Zi., 4 Suiten | Obere Neckarstr. 2 | Tel. 06221 73 91 30 | hotel-zur-altenbruecke.de | Linie 35 Alte Brücke | €€ | Östliche Altstadt | ▢ H3)* ist – die Zimmer, das Restaurant oder der Blick auf die nur wenige Meter entfernte Alte Brücke. Gehobener Standard, urgemütlich das dazugehörige *Wirtshaus Nepomuk* mit Innenhof und Terrasse. Lage: phänomenal!

ERLEBNIS TOUREN

Lust, die einzigartigen Facetten der Stadt zu entdecken? Dann sind die Erlebnistouren genau das Richtige für dich! Ganz einfach wird es mit der MARCO POLO Touren-App: Die Tour über den QR-Code aufs Smartphone laden – und auch offline die perfekte Orientierung haben.

Durch das Tor der Alten Brücke bummelst du direkt in die schöne Steingasse

Einfach QR-Code scannen und alle Karten & Infos zu unseren Touren auch unterwegs parat haben!

go.marcopolo.de/hei

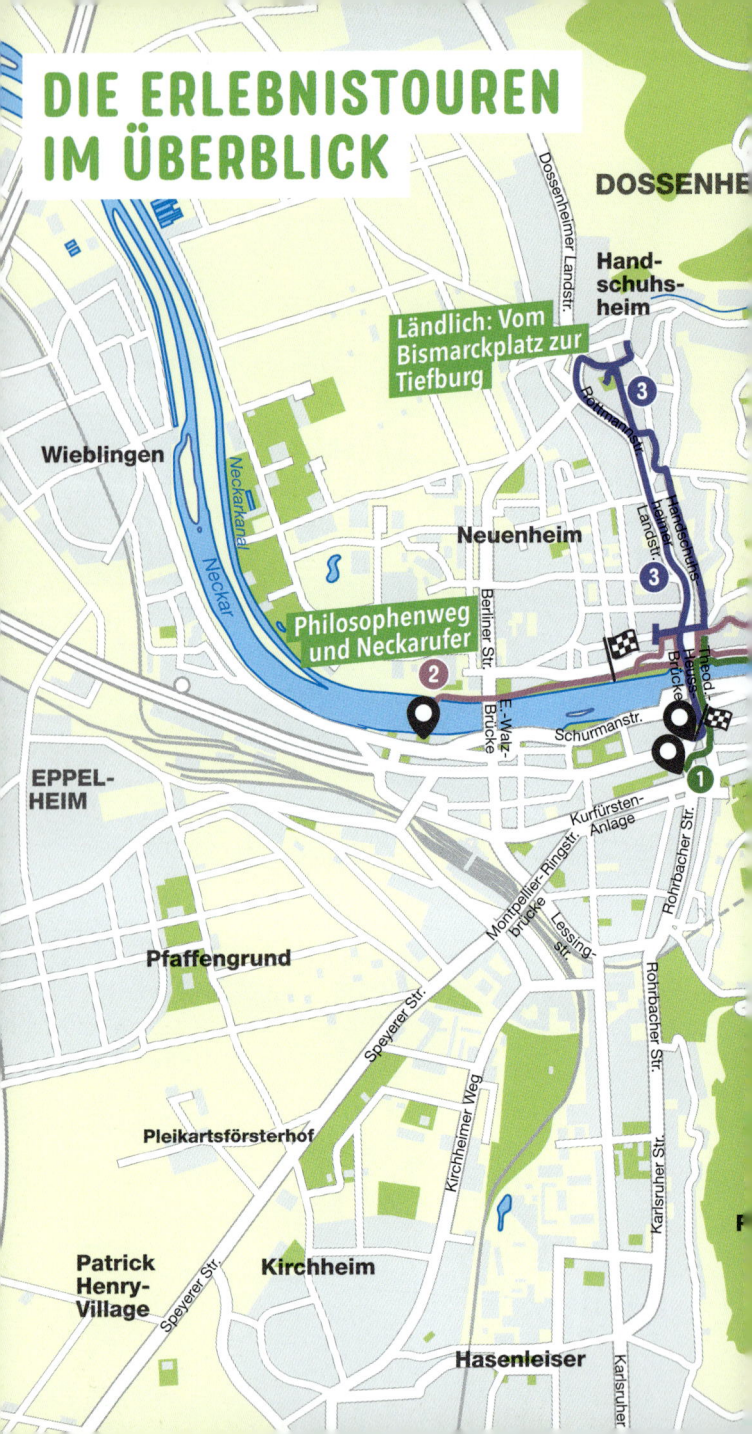

Mühlbach

Ziegelhausen

Stadt, Land, Fluss: Zum Stift Neuburg und zurück

②

④

④

Schlierbacher Landstr.

Neckar

Neckarstaden

Am Hackteufel

Altstadt

①

Schlierbach

①

Heidelberg, perfekt im Überblick

①

...erhelderhof

Kohlhof

...hrbach

Boxberg

1 km
0.62 mi

❶ HEIDELBERG PERFEKT IM ÜBERBLICK

➤ Spaziergang am Fluss mit Aussicht
➤ Mit der Bergbahn hoch zum Schloss
➤ Dolce Vita in der Altstadt

📍 Rossi

🏁 Palmbräugasse

→ 7 km

🚶 1 Tag,
reine Gehzeit
2 Stunden

ℹ️ Kosten: Schloss-Bergbahn-Kombiticket (Bergbahnfahrt, Schlosshofzugang, Apothekenmuseum) 8 Euro, Eintritt ⑫ **Studentenkarzer** 3 Euro

EIN ESPRESSO ZUM START

Beginn deinen Tag im Café ❶ Rossi *(tgl. | Ecke Rohrbacher Straße/Poststraße | Tel. 06221 9 74 60 | caferossi.de | €€€)* mit einem Frühstück oder einem Espresso an der Bar. Das Café liegt ganz in der Nähe des Bismarckplatzes und ist der perfekte Ausgangspunkt für einen Streifzug durch Heidelberg. Bei schönem Wetter suchst du dir einen Platz im Biergarten und lässt die Atmosphäre auf dich wirken: geschäftiges Treiben, Kurpfälzer Gemütlichkeit und ein Hauch von studentischem Laisser-faire.

ÜBER DIE BRÜCKE & DEN NECKAR ENTLANG

Über die Theodor-Heuss-Brücke gelangst du in das Nobelviertel Neuenheim. Direkt hinter der Brücke biegst du rechts ab. Die Straße führt zum Neckar, auf dem ❷ Leinpfad *geht es in Richtung Neckartal.* Von dieser Flussseite hat man einen umfassenden Blick auf die gegenüberliegende Altstadt, zunächst mit Stadthalle ➤ S. 45 und Marstall ➤ S. 45. Geradeaus erscheinen die Alte Brücke und, am Berg darüber, das Schloss. Nimm dir genügend Zeit, um das tolle Panorama ausgiebig zu genießen! Auf dem Neckar fahren im Sommer die Schiffe der Weißen Flotte ➤ S. 119.

ALTSTADT, GANZ MEDITERRAN

Überquer nun wieder den Fluss, diesmal über die ❸ Alte Brücke ➤ S. 30, *vorbei an den Statuen von Kurfürst Karl Theodor und Pallas Athene. Durch das Brückentor spaziert du in die* ❹ Steingasse *mit ihren schmalen Altstadthäusern und mediterranem Flair. Hier reihen sich Cafés und Restaurants aneinander.* Für eine kleine Pause empfiehlt sich ein Cappuccino im Casa del Caffè ➤ S. 60. Dolce Vita!

> **INSIDER-TIPP**
> **Kaffee trinken und Leute gucken**

Von der Steingasse gehst du zweimal nach rechts und gelangst so in die Haspelgasse. In dem kleinen Läden der Familie Knösel auf der linken Seite gibt es den ❺ Heidelberger Studentenkuss ➤ S. 78: Im 19. Jh. half die Süßigkeit verliebten Herren dabei, die Aufmerksamkeit ihrer (gut bewachten) Angebeteten zu wecken. Ein schönes Mitbringsel! *Zurück in der Unteren Straße, bieg gleich ab in die Pfaffengasse.* Hier befindet sich die ❻ Reichspräsident-Friedrich-Ebert-Gedenkstätte ➤ S. 41 mit dem Geburtshaus Friedrich Eberts. Eine schmale Stiege im Hof führt geradewegs in die bürgerliche Welt des ausgehenden 19. Jhs., die gegenüberliegende Gedenkstätte gibt Einblicke in das politische Leben Eberts.

RITTERLICH TAFELN, DANN RAUF AUFS SCHLOSS

Von der Weimarer Republik ist es nur ein Katzensprung ins 16. Jh. und zu einem guten Mittagessen. *Dazu wende dich nach links in die Untere Straße und nach wenigen Metern nach rechts.* Direkt vor dir siehst du nun Heidelbergs ältestes historisches Bürgerhaus ❼ Zum Ritter St. Georg ➤ S. 32. Die Küche im Hotel Zum Ritter St. Georg ➤ S. 99 ist gar nicht so teuer, wie die prächtige Renaissancefassade vermuten lässt. Hier gibt es einen täglich wechselnden Lunch, der noch stilvoll unter Gloschen serviert wird.

Jetzt geht's bergauf! Nur wenige Schritte vom „Ritter" und vom Marktplatz entfernt liegt am Kornmarkt die Talstation der ❽ Bergbahn ➤ S. 33, die zum ❾ Schloss ➤ S. 34 hinauffährt. Nach einem Spazier-

❸	Alte Brücke
❹	Steingasse
❺	Heidelberger Studentenkuss
❻	Reichspräsident-Friedrich-Ebert-Gedenkstätte
❼	Zum Ritter St. Georg
❽	Bergbahn
❾	Schloss

gang durch den **Schlossgarten** – dem sich eine Besich-
tigung des Schlosses (im Kombiticket nicht inbegriffen)
anschließen lässt – lohnt sich ein Besuch des **Deutschen
Apothekenmuseums ➤ S. 36**. Auf gar keinen Fall ver-
passen darfst du den Blick vom Schlossaltan auf die
malerische Altstadt – sonst warst du nicht in Heidelberg!

FRECHE PLAKATE & SÜSSE SACHEN

*Zurück in der Stadt, überquerst du am Ausgang der
Bergbahn wieder den Kornmarkt. Durch die Oberbad-
gasse geht's nach rechts in die Ingrimstraße, vorbei an
der Floringasse.* Die satirischen Plakate in ➓ **Staeck's
Galerie ➤ S. 37** sind nicht nur amüsant, sondern geben auch einen Einblick in den kritischen Heidelberger
Geist. *Am Ende der Ingrimstraße wende dich zunächst
nach rechts und gleich wieder nach links.* Nun kommt
die ⓫ **Jesuitenkirche ➤ S. 37** in Sicht, die außen barock und innen ganz in Gold und Weiß gehalten ist –
eine Augenweide.

*Anschließend biegst du am Universitätsplatz rechts in
die Augustinergasse ein* und siehst auf der linken Seite
den ⓬ **Studentenkarzer ➤ S. 37**. In den Arrestzellen
mussten noch bis zum Jahr 1914 Heidelberger Studenten, die sich nicht benehmen konnten, ihre Strafe absitzen. *Über den Universitätsplatz geht es nun zur*

⓾ Staeck's Galerie

⓫ Jesuitenkirche

⓬ Studentenkarzer

⑬ Universitätsbibliothek ➤ S.39: Einen Blick wert sind die wertvollen deutschen Handschriften der berühmten Bibliotheca Palatina. Nach Verlassen der Bibliothek *wendest du dich nach rechts und stößt nach wenigen Metern auf den* **⑭ Heidelberger Zuckerladen ➤ S.79**. Zahnärzte hassen ihn, du wirst ihn lieben!

DEN ABEND GENIESSEN

Zu einem feinen Abendessen lädt das Restaurant **⑮ Romer ➤ S.62** ein – es gehört zum Arthotel Heidelberg, *direkt gegenüber der Universitätsbibliothek.* Im Sommer ist der malerische Innenhof ein schöner Platz, um die Eindrücke des Tages noch einmal Revue passieren zu lassen.

Natürlich darf ein Absacker nicht fehlen! *Überquer den Universitätsplatz und geh am Heumarkt vorbei in die Untere Straße.* Dort tauchst du ein in die außergewöhnliche Welt des Absinths: In der **⑯ Galerie Grüner Engel ➤ S.73** findest du 280 Varianten zum Probieren, zum Mitnehmen oder nur zum Anschauen. *Am Ende der Unteren Straße* schließlich liegt auf der rechten Seite der Eingang zum Lokal **⑰ Palmbräugasse ➤ S.86**, wo du deine müden Knochen bei einem kühlen Bier oder einem Glas Wein in den wohlverdienten Feierabend schickst.

⑬ Universitäts-bibliothek

⑭ Heidelberger Zuckerladen

⑮ Romer

⑯ Galerie Grüner Engel

⑰ Palmbräugasse

❷ PHILOSOPHENWEG UND NECKARUFER

➤ Auf den Spuren großer Dichter spazieren
➤ Picknick à la française mit Törtchen und Macarons
➤ Tretbootschippern auf dem Neckar

📍 Anlegestelle
Marriott-Hotel

🏁 KU17

→ Strecke:
6 km

🚶 ½ Tag,
reine Gehzeit
2 Stunden

ℹ️ Kosten: Neckarfähre 3 Euro, Tretboot 10 Euro für drei
Personen bzw. 12 Euro für vier Personen (jeweils 30 Minuten, jede weiteren zehn Minuten 2 Euro)
❶ Anlegestelle Marriott-Hotel: Die Neckarfähre *Liselotte von der Pfalz* verkehrt nur Mi–Mo (Fährbetrieb Anfang April–Ende Okt., *weisse-flotte-heidelberg.de*).

KLEINE FÄHRE & KNUSPRIGES GEBÄCK

Von der ❶ Anlegestelle Marriott-Hotel bringt dich die Neckarfähre *Liselotte von der Pfalz* in wenigen Minuten über den Fluss nach *Neuenheim*. An der Anlege-

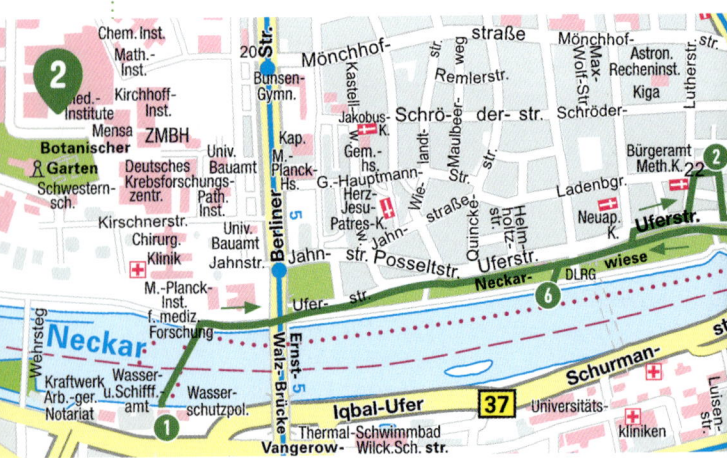

stelle Campus beginnt der Spaziergang. *Kurz vor der Theodor-Heuss-Brücke biegst du nach links in die Lutherstraße. An der zweiten Kreuzung gehst du rechts in die Ladenburger Straße, die dich zur* ❷ Pâtisserie La Flamm ➤ S. 73 führt. Wie wäre es mit einem frischen Baguette oder einem leckeren Obsttörtchen für unterwegs? Dazu ein paar bunte Macarons zum Naschen, und es kann weitergehen. *Zurück am Neckar, folgst du dem Leinpfad flussaufwärts bis zur Alten Brücke.*

❷ Pâtisserie La Flamm

GANZ ROMANTISCH – HOCH ÜBER DER STADT
Auf der gegenüberliegenden Straßenseite geht es den schmalen, aber gepflasterten ❸ Schlangenweg *den Berg hinauf* (immer weiteratmen!). Auf der Aussichtskanzel darfst du dich ausruhen und die Stadt aus einer neuen Perspektive betrachten. *Wende dich nun nach Westen:* Der ★ ❹ Philosophenweg führt dich zunächst zur Meriankanzel, wo Bänke zu einer kleinen Pause einladen. Romantische, aber ganz schön steile private Gärten säumen den Weg, das ungewöhnlich milde Klima sorgt dafür, dass hier exotische Pflanzen gedeihen. Vorbei am Liselotte-Stein, der an die widerspenstige Prinzessin Liselotte von der Pfalz erinnert, gelangst du zur Liselotte-Hütte, wo Wanderer bei Regen Schutz finden. Schließlich erreichst du das Philosophengärtchen. Vor dir liegt die Stadt in ihrer ganzen

❸ Schlangenweg

❹ Philosophenweg

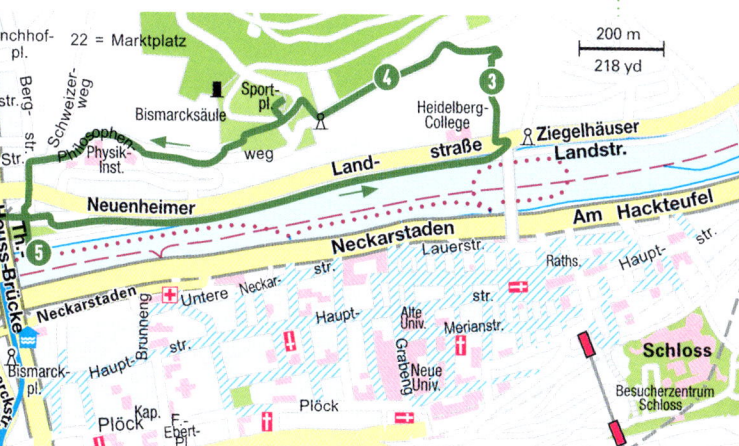

Postkartenpracht – der perfekte Zeitpunkt, um das mitgebrachte Picknick auszupacken!

ZURÜCK AM FLUSS: TRETBOOTE & TAPAS

Irgendwann musst du dich losreißen von dem atemberaubenden Ausblick, denn es geht die vornehmen Häuserreihen entlang *bergab zur Bergstraße in Neuenheim. Bieg dort nach links ab zum ⑤ Neckarufer*. Du willst deine Füße im Neckar kühlen? Achte auf die Schwäne – wenn du in ihr Revier eindringst, können sie sehr ungemütlich werden. Nun geht es wieder aufs Wasser, aber jetzt bist du der Kapitän: bei einer **Tretbootfahrt** *(Bootsverleih April–Okt. Mo–Fr ab 14, Sa, So ab 13 Uhr | Tel. 06221 41 19 25 | heidelberg-marketing.de)* auf dem Neckar. Die Anlegestelle befindet sich direkt vor dir!

⑤ Neckarufer

Anschließend wartet *etwas weiter flussabwärts* bei schönem Wetter das ⑥ **KU17 ➤ S. 66.** Bei einem Glas Roséwein und ein paar köstlichen Tapas belohnst du dich für jeden einzelnen Höhenmeter, den du heute gegangen bist.

⑥ KU17

❸ LÄNDLICH: VOM BISMARCKPLATZ ZUR TIEFBURG

➤ Urlaubsgefühle auf der Neckarwiese
➤ Entdeckungstour im quirligen Neuenheim
➤ „Weck, Worscht un Woi" in Handschuhsheim

📍 Bismarckplatz

🏁 Bismarckplatz

⇄ Strecke: 6 km

🚶 ½ Tag, reine Gehzeit 1 ½ Stunden

ℹ️ Kosten: Straßenbahnticket 2,70 Euro
⑧ **Alt Hendesse:** Straßenbahnlinien 5 und 23 (Hans-Thoma-Platz) zum Bismarckplatz

SOMMERTRÄUME & KÖSTLICHKEITEN

Vom **❶ Bismarckplatz** aus *geht es auf der linken Seite über die Theodor-Heuss-Brücke.* Etwa in der Mitte angekommen, blickst du über das Brückengeländer auf die **❷ Neckarwiese ► S. 49**, und schon breitet sich der Sommer vor deinen Augen aus. Um das Ganze aus der Nähe zu genießen, *gehst du die Treppe am Ende der Brücke hinunter,* suchst dir einen (gänsekotfreien) Platz auf der Wiese und genießt für ein Weilchen den Flussblick. Von der Neckarwiese aus *spazierst du die Lutherstraße entlang* direkt zum schönen **❸ Marktplatz Neuenheim ► S. 75**, also genau ins Herz des feinen

❶ Bismarckplatz

❷ Neckarwiese

❸ Marktplatz Neuenheim

Viertels **Neuenheim** ➤ S. 48. An Markttagen kannst du hier nicht nur Kulinarisches aus der Region erstehen, sondern auch prima Leute gucken! Ein anschließender *Bummel durch die* ❹ **Ladenburger Straße** macht Spaß und Appetit: Bäckereien, Konditoreien und Feinkostgeschäfte laden zu allerlei Köstlichkeiten ein. In der **Fromagerie La Flamm** *(Mo–Do 9.30–13 und 15–18.30, Fr 9.30–18.30, Sa 8.30–13 Uhr | Hausnr. 6)* kannst du dich mit einem herzhaften Imbiss für unterwegs versorgen. Ja, die Auswahl fällt schwer! In der **Bar Centrale** *(Mo–Do 8–1, Fr/Sa 8–3, So 9–1 Uhr | Hausnr. 17 | bar centrale-hd.de)* gibt es guten Cappuccino und einen Logenplatz am Fenster oder auf dem Marktplatz (wenn kein Markt ist).

SCHICKE VILLEN, DÖRFLICHE IDYLLEN

Frisch gestärkt *überquerst du nun die Brückenstraße und gehst weiter auf der Ladenburger Straße bis zur* ❺ **Bergstraße**. *Wende dich nach links und schlendre* durch diesen ruhigen Teil Neuenheims *in nördlicher Richtung bis nach Handschuhsheim*. Auf deinem Weg passierst du die schönsten und auch architektonisch spannendsten Villen der Stadt. In welcher würdest du gern wohnen? Ganz anders ist das Bild in **Handschuhsheim** ➤ S. 48 rund um die ❻ **Tiefburg** ➤ S. 48, wo du dich eher in ein liebenswertes Dörfchen versetzt fühlst. Hier sind die Straßen enger, die Häuser kleiner, und die Einwohner sind traditionell mehr der Landwirtschaft als der Universität verbunden. *In direkter Nachbarschaft zur Tiefburg liegt* eine kleine grüne Oase, der ❼ **Graham-Park** ➤ S. 48 mit einem kleinen Schlösschen. Sichere dir eine Bank, pack dein Picknick aus und lass den Rest des Nachmittags in aller Seelenruhe verstreichen.

VESPER & EIN VIERTELE

Eine deftige Vesper, ein kühles Bier oder ein Viertele aus Trauben von der Bergstraße bekommst du im ❽ **Alt Hendesse** ➤ S. 64, wo Studenten mit waschechten Handschuhsheimern am selben Tisch sitzen. Nach „Weck, Worscht un Woi" bringt dich die Straßenbahn bequem zum ❶ **Bismarckplatz** zurück.

❹ Ladenburger Straße

❺ Bergstraße

❻ Tiefburg

❼ Graham-Park

❽ Alt Hendesse

❶ Bismarckplatz

❹ STADT, LAND, FLUSS: ZUM STIFT NEUBURG UND ZURÜCK

➤ Auf historischen Wegen durch die Altstadt
➤ Wanderung am Fluss zum Stift Neuburg
➤ Frisch gebrautes Bier in der Brauerei zum Klosterhof

◉	Marktplatz	🏴	Schnookeloch
→	Strecke: 6,5 km	🚶	½ Tag, reine Gehzeit 2 Stunden
ⓘ	Vom ❽ **Stift Neuburg** zur ❾ **Alten Brücke** kann man auch mit dem Bus (Linie 34) fahren.		

FASS DIR EIN HERZ – RAUS AUS DER STADT!

Vom ❶ Marktplatz ➤ S.32 spazierst du zunächst ein Stück durch die Hauptstraße stadtauswärts. Am ❷ Kornmarkt mit dem Muttergottesbrunnen in seiner Mitte erklingt vom Türmchen auf dem Rathaus dreimal täglich (um 11.55, 15.55 und 18.55 Uhr) das Dachreiter-Glockenspiel mit der Melodie „Ich hab mein Herz in Heidelberg verloren". Das Palais Graimberg an der Ecke des Burgwegs war einst das Wohnhaus des französischen Landedelmanns und Kupferstechers Charles de Graimberg. Seine Werke widmete er vor allem der Schlossruine. Schräg gegenüber steht das Palais Prinz Carl mit seinem historischen Spiegelsaal – heute eine gefragte Eventlocation.

PFLASTERSTEINE & STUDENTENLOKALE

Auf dem Weg zum Karlsplatz kehrst du in das alteingesessene ❸ Café Gundel ➤ S.78 ein. Eine „Kurfürstenkugel" oder ein „Heidelberger Pflasterstein" ist ein hübsches Souvenir! Durch die Fenster des Cafés oder von der Terrasse blickst du auf den ❹ Karlsplatz mit dem Sebastian-Münster-Brunnen. Den Platz säumen die Heidelberger Akademie der Wissenschaften,

❶ Marktplatz
❷ Kornmarkt

❸ Café Gundel

❹ Karlsplatz

das **Palais Boisserée**, die historischen Studentenlokale **Zum Seppl** ➤ S. 67 und **Zum Roten Ochsen** ➤ S. 67 sowie verschiedene Studentenverbindungshäuser.

WEG UND STEG MIT BRÜCKENBLICK

Die Hauptstraße wird nun enger und führt zunächst zum ❺ **Palais Weimar**, *in dem sich das* **Völkerkundemuseum** *(Mi–Sa 14–18, So 11–18 Uhr | Eintritt 7 Euro | voelkerkundemuseum-vpst.de) befindet. Geradeaus gehst du auf das* ❻ **Karlstor** *zu – es wurde zu Ehren des Kurfürsten Karl Theodor erbaut. Beim Karlstor wendest du dich nach links und überquerst an der Ampel die große, aus dem Neckartal kommende Straße. Über den* ❼ **Wehrsteg** *gelangst du auf die andere Flussseite.* Links blickst du auf die Alte Brücke, früher der Hauptzugang zur Stadt.

AUFSTIEG ZUM KLOSTERHOF

Jetzt geht es in ruhigere Gefilde, *du biegst in eine etwas ruhigere Umgebung nach rechts in die Ziegelhäuser Landstraße ab. Du wanderst ca. 3 km, bis du links oben am Hang die Klosterkirche von* ❽ **Stift Neuburg** ➤ S. 54 *siehst. Zwischen dem letzten Haus auf der linken Seite und der angrenzenden Wiese, die zum Kloster gehört, sammelst du Kräfte für einen kleinen Aufstieg. Auf dem Weg zum Klosterhof eröffnen sich*

❺ Palais Weimar

❻ Karlstor

❼ Wehrsteg

❽ Stift Neuburg

immer wieder prächtige Ausblicke auf die Flusslandschaft. Weide- und Streuobstwiesen und ein Bauernhof gehören zur Klosteranlage. Im *Gasthof zum Klostergarten (tgl. 11–21 Uhr | Stiftweg 4 | Tel. mobil 0176 62 23 20 21 | gasthof-klostergarten.de | €€)* – bei gutem Wetter draußen im Biergarten – legst du eine Pause ein.

INSIDER-TIPP
Gut gehopft – aber nicht bitter!

In den ehemaligen Ställen des Klosters hat die *Brauerei zum Klosterhof* ➤ S. 72 mit Verkauf ihren Platz. *Frag doch mal nach dem Hopfenfuchs –* dahinter verbirgt sich ein besonders spannendes Craft Beer.

ERHABENE KIRCHE, BODENSTÄNDIGE KÜCHE

Der Weg zurück führt bergab ans Neckarufer. Von hier geht es zur ❾ *Alten Brücke* ➤ S. 30 *(auch mit der Buslinie 34 zu erreichen), die dich zurück in die Stadt bringt. Am Ende der Steingasse biegst du nach links ab* und kommst wieder auf den Marktplatz. Nach einer kleinen Verschnaufpause besuchst du die ❿ *Heiliggeistkirche* ➤ S. 31. Wenn jetzt die Zeit für ein deftiges Abendessen gekommen ist, kehr *in der Haspelgasse an der Kirchenrückseite ein ins* ⓫ *Schnookeloch* ➤ S. 67 – hier gibt es die besten Schweinshaxen weit und breit.

❾ Alte Brücke

❿ Heiliggeistkirche

⓫ Schnookeloch

GUT ZU WISSEN

DIE BASICS FÜR DEINEN STÄDTETRIP

ANKOMMEN

ANREISE

Ein Lufthansa-Airport-Bus *(frankfurt-airport-shuttles.de)* pendelt täglich ab Flughafen Frankfurt (Terminal 1, Ankunftsebene, Meeting Point, bei Onlinebuchung auch Terminal 2) und ab

GRÜN & FAIR REISEN

Du willst beim Reisen deine CO_2-Bilanz im Hinterkopf behalten? Dann kannst du deine Emissionen kompensieren *(atmosfair.de; my climate.org)*, deine Route umweltgerecht planen *(routerank.com)* oder auf Natur und Kultur *(gate-tourismus.de)* achten. Mehr über ökologischen Tourismus erfährst du hier: *oete.de* (europaweit); *germanwatch.org* (weltweit).

Heidelberg ab *Crowne Plaza Hotel* (🛏 *F4*) *(Kurfürstenanlage 1 | Tel. 06221 91 70)* (einfache Fahrt 26 Euro, hin und zurück 48 Euro, mit Lufthansa-Ticket 24 bzw. 46 Euro). Reservierungen sind notwendig.

Der Heidelberger Hauptbahnhof (🛏 *E4*) mit S-Bahn, Regionalbahn-, Interregio- und Intercity-Anschluss liegt im Westen der Stadt. Taxis und eine Tourist-Information finden sich am Hauptausgang (Ost). Die Straßenbahn (Linie 21) und Stadtbusse (Linie 32, 33) zum Zentrum fahren am Ausgang Nord ab.

Über die Bergheimer Straße besteht im Westen der Stadt ein Anschluss an die Autobahnen nach Mannheim, Darmstadt/Frankfurt, Karlsruhe/Basel und Heilbronn/Stuttgart.

Ankunft und Abfahrt der Fernbusse ist am Hauptbahnhof vor McDonald's (🛏 *E5*). *Linie 5, 21, 24, 32–34 Hauptbahnhof*

Lust auf eine Flussfahrt? Die Ausflugsschiffe der Weißen Flotte legen vor der Altstadt ab

REISEZEIT

Im Sommer erkunden Touristen aus aller Welt die Stadt, und an manchen Orten kann es unangenehm voll werden. Die gute Nachricht: Im Frühjahr, wenn alles blüht, oder im Herbst, wenn die Altstadt in besonders weichem Licht leuchtet, ist es in Heidelberg sowieso am schönsten – besser dann kommen!

MOBIL SEIN

ÖFFENTLICHE VERKEHRSMITTEL

TICKETS & PREISE

Der Verkehrsverbund Rhein-Neckar (VRN) *(vrn.de)* integriert mehrere Bahn-, Bus- und Straßenbahnlinien. Der Einzelfahrschein für die Tarifzone Großwabe Heidelberg kostet 2,70 Euro (mit Bahncard 2 Euro). Mit der Tageskarte (Preisstufe 0–3: 1. Person 7 Euro, jede weitere Person zusätzlich 3 Euro) können bis zu fünf Personen alle öffentlichen Nahverkehrsmittel außer der Bergbahn einen Tag lang im Nahbereich Heidelberg benutzen. Das *Stadtteil-Ticket* ermöglicht die Fahrt innerhalb eines Stadtteils und das *Kurzstrecken-Ticket* die Fahrt innerhalb vier aufeinanderfolgender Stationen für jeweils 1,70 Euro. Familien fahren noch günstiger. Eine 3-Tage-Karte kostet 17,30 Euro pro Person.

Oder mach dein Smartphone zum Fahrschein: Mit der App *VRN eTarif* fährst du fahrscheinfrei und zahlst nur den „Luftlinientarif" – das kann sich lohnen! Weiterer Vorteil: Du musst dich weder mit dem Tarifsystem noch mit widerspenstigen Automaten auseinandersetzen.

BUSSE

Die wichtigsten Linien, mit denen man alle Ziele in der Altstadt erreicht:

31, 32 (Universitätsplatz), 33 (Rathaus/Bergbahn), 35 (Alte Brücke). Vom Hauptbahnhof fährt die Linie 33 in die Altstadt. Es verkehrt ein Nachtbus, der *Moonliner (rnv-online.de),* in der Innenstadt und in fast alle Stadtteile.

STRASSENBAHN
Als Linien 21–24 und 26 verbinden die Straßenbahnen die südlichen und nördlichen Stadtteile Heidelbergs. Die Linien 21–23 und 26 haben am Bismarckplatz eine Haltestelle.

S-BAHN
Die Bahn fährt von Osterburken im Odenwald bis Homburg im Saarland. In Heidelberg hält sie am S-Bahnhof Altstadt und am Hauptbahnhof.
Mit der Linie 5 der RNV *(rnv-online.de)* lässt sich ein schöner Rundkurs Heidelberg–Weinheim–Mannheim fahren.

BERGBAHN
Die Bergbahn *(bergbahn-heidelberg. de)* fährt von der Talstation Kornmarkt über Schloss und Molkenkur zum Königstuhl, im Winter 9–17.10 Uhr, im Sommer 9–20.20 Uhr im 10- bzw. 20-Minuten-Takt. Das *Schlossticket* der Bergbahn (8 Euro) beinhaltet die Hin- und Rückfahrt Talstation–Schloss sowie den Eintritt für Schlosshof, Fasskeller und Apothekenmuseum. Preis für die gesamte Strecke: einfache Fahrt 9 Euro, hin und zurück 12 Euro.

NECKARFÄHRE
Das kleine Fährschiff 🐷 *Liselotte von der Pfalz (Fährbetrieb Anfang April–* *Ende Okt. | Tel. 06221 2 01 81 | weisse-flotte-heidelberg.de)* verkehrt Mi–Mo zwischen 10 und 18 Uhr auf dem Neckar – von der Alten Brücke bis zum Marriott-Hotel und zurück sowie von einem Ufer zum anderen. In jedem Fall auch eine gute, entspannte Möglichkeit, um von der Altstadt z. B. zum Neuenheimer Feld zu gelangen. Tickets gibt es ab 3 Euro (für eine Station, einfache Fahrt); wer eine VRN-Tageskarte hat, fährt zum Kinderpreis.

TAXI
Taxistände findest du an der Alten Brücke, am Bismarckplatz, am Hauptbahnhof und am Universitätsplatz. Eine Fahrt vom Bismarckplatz zum Bahnhof kostet ca. 8–9 Euro. *Taxizentrale: Tel. 06221 30 20 30 und 06221 1 94 10*

FAHRRADVERLEIH
VRNnextbike (Tel. 030 69 20 50 46 (*) | vrnnextbike.de) betreibt über das Stadtgebiet verteilt 25 Stationen mit 200 Rädern (Leihgebühr 9 Euro pro Tag), Ausleihe über die App oder direkt am Terminal.
Heidel-bike (Rohrbacher Str. 13–15 | Tel 06221 2 31 70 | heidelbike.de) in der Weststadt verleiht Cityräder, Mountainbikes und E-Bikes. Leihgebühr 15–29 Euro pro Tag. Im Sommer rechtzeitig anmelden!
Die *Initiative Rückenwind (Kurfürstenanlage 62 | Tel. 06221 18 99 28 | rueckenwind-hd.org)* vermietet 24 Pedelecs (je Rad 20 Euro pro Tag oder 30 Euro für ein ganzes Wochenende, 90 Euro pro Woche, Kaution 100 Euro in bar).

E-SCOOTER

Die blauen Elektroroller sind überall im Heidelberger Stadtgebiet verteilt und können über die App *TIER (mytier. app)* benutzt werden. Dort siehst du, wo der nächste Roller steht, und kannst ihn reservieren. Kosten: pro Fahrt 1 Euro Startgebühr plus 15 Cent pro Minute.

VOR ORT

AUSKUNFT

– *Tourist-Information | Willy-Brandt-Platz 1 (am Hauptbahnhof) | Tel. 06221 5 84 44 44 | heidelberg-marke ting.de*
– *Weitere Info-Punkte: Marktplatz 10 (Rathaus) | Obere Neckarstr. 31 (Neckarmünzplatz)*

Das Heidelberger Stadtmarketing ist crossmedial aufgestellt. *Instagram: @heidelberg4you | youtube.com/user/ heidelberg4you | App: Mein Heidelberg*

HEIDELBERG-CARD

Die *Heidelberg-Card* mit integriertem Schlossticket beinhaltet Ermäßigungen bei Führungen, Touren und kulturellen Veranstaltungen, in Museen, in Restaurants und beim Einkaufen sowie freie Fahrt mit öffentlichen Verkehrsmitteln. Es gibt sie für einen Tag (17 Euro), für zwei Tage (19 Euro) und für vier Tage (21 Euro). Familienkarten sind ebenfalls erhältlich. Zu kaufen gibt es die Heidelberg-Card unter anderem bei der Tourist-Information am Hauptbahnhof und im Rathaus. Nähere Info unter *heidelberg-marketing.de.*

INTERNETZUGANG & WLAN

Das WLAN-Netz *Heidelberg4you* umfasst die Gebiete um den Marktplatz, am Hauptbahnhof, am Bismarckplatz und rund ums Schloss sowie die Hauptstraße, die Neckarwiese und das Areal auf dem Königstuhl. Der Zugang kann zeitlich unbeschränkt und von 1000 Personen gleichzeitig genutzt werden.

NECKARSCHIFFFAHRT

Saison der Weißen Flotte ist von Anfang April bis Ende Oktober. Das Programm enthält unter anderem Heidelberg-Fahrten, die „Kleine Neckar-

WAS KOSTET WIE VIEL?	
Kaffee	1,80–2,50 Euro *für eine Tasse*
Bergbahn	12 Euro *für eine Panoramafahrt zum Schloss, zum Königstuhl und zurück*
Essen	6,50–12 Euro *für ein Mittagessen*
Bus	1,70 Euro *für ein Kurzstrecken-Ticket*
Fahrrad	ab 9 Euro *Miete für ein Fahrrad pro Tag*
Souvenir	6 Euro *für 0,2 l „Heidelberger Melonenschnaps"*

Der Neckar ist in Heidelberg immer ganz nah: Sommer auf dem Wasser

talfahrt" und Fahrten nach Neckarsteinach. Abfahrtstelle, Kartenverkauf und Programmangebote: *Stadthalle | Neckarstaden 25 | Tel. 06221 2 01 81 | weisse-flotte-heidelberg.de | Linie 31, 32, 35 Kongresshaus*
Eine faszinierende Rundumsicht bietet der weltgrößte Edelstahl-Solarkatamaran auf seinen Neckarrundfahrten. *Tel. 07263 40 92 84 | Tel. mobil 0173 9 83 86 37 | hdsolarschiff.com*

STADTFÜHRUNGEN & STADTRUNDFAHRTEN
Für alle Touren: *Tel. 06221 5 84 44 44 | heidelberg-marketing.de*
Altstadtrundgang (Dauer 1 ½ Std.): April–Okt. tgl. 10.30, Fr auch 18, Sa auch 14.30, Nov.–März Fr 14.30, Sa 10.30 Uhr | 9 Euro pro Person | Treffpunkt Neckarmünzplatz | Anmeldung empfohlen
Die zweistündigen *Stadtrundfahrten mit Schlossführung (April–Okt. Do–Sa*

13.30, Sa auch 11.30, Nov.–März Sa 11.30 und 13.30, Pfingstsonntag 13.30 Uhr | 25 Euro pro Person | Anmeldung empfohlen) beginnen ebenfalls am Neckarmünzplatz.
Eine geführte *Segwaytour (März–Okt. tgl. 9.30, 13 und 16, Juni–Aug. Mo–Do auch 19, Nov.–Feb. 9.30 und 13 Uhr | Dauer 1¾ Std. | 49 Euro pro Person inkl. Helmleihe und Segwayführerschein | Treffpunkt Neckarmünzplatz)* führt durch die Altstadt, über den Neckar nach Neuenheim und durch das Neuenheimer Feld bis zum Philosophenweg.
Dem Himmel ganz nah, weil ohne Dach, geht der *Cabriobus (Jan./Feb. tgl. 12, 13 und 14 Uhr, März, Nov./Dez. tgl. 10–16 Uhr jeweils zur vollen Stunde, April–Okt. tgl. 10–17 Uhr zur halben und vollen Stunde | Dauer 40 Min. | Ticket 11 Euro | Start am Karlsplatz)* auf unterhaltsame Tour mit Audioguide durch die Stadt.

Zum Programm zählen auch Führungen für Sehbehinderte oder Sondertouren wie *Heidelberg auf vier Pfoten* für Hundebesitzer.

THEATERKARTEN

Tickets für das *Theater und Orchester Heidelberg* gibt es im Webshop und an der Theaterkasse *(Mo–Fr 11–18 Uhr | Theaterstr. 10 | theaterheidelberg.de)*.

INSIDER-TIPP
Sparen im Namen der Kunst

☞ Eintrittskarten enthalten das Kombiticket des Verkehrsverbundes Rhein-Neckar (VRN) und gelten so als Fahrschein für Busse und Straßenbahnen sowie RE, RB und S-Bahnen im VRN. Das Ticket ist am Vorstellungstag und bis 3 Uhr am Folgetag als Fahrschein gültig. Es lohnt sich also, reservierte Karten frühzeitig abzuholen. Die Abendkasse öffnet ca. eine Stunde vor Vorstellungsbeginn.

TOILETTEN

Dich ereilt ein dringendes Bedürfnis? Die Website der Stadt Heidelberg *(heidelberg.de)* bietet eine nach Stadtteilen sortierte Übersicht aller öffentlichen Toiletten. Die Liste ist auch in der offiziellen App der Stadt *(Mein Heidelberg)* zu finden.

NOTFÄLLE

FUNDBÜRO

Tasche verloren oder Teddy gefunden? *Hospitalstr. 5 | Tel. 06221 65 37 97*

NOTRUF

– *Polizei: Tel. 1 10*
– Die *Heidelberger Polizeidirektion (Tel. 06221 9 90 | Römerstr. 2–4)* ist rund um die Uhr erreichbar.
– *Feuerwehr: Tel. 1 12*

WETTER IN HEIDELBERG

Hauptsaison
Nebensaison

	JAN.	FEB.	MÄRZ	APRIL	MAI	JUNI	JULI	AUG.	SEPT.	OKT.	NOV.	DEZ.
Tagestemperaturen	4°	6°	11°	15°	20°	23°	25°	24°	21°	15°	9°	5°
Nachttemperaturen	-1°	0°	3°	6°	10°	13°	15°	15°	12°	8°	4°	1°
☀	1	2	4	5	7	7	7	7	6	4	2	1
☂	11	9	9	10	11	11	11	10	9	9	11	11

☀ Sonnenschein Stunden/Tag   ☂ Niederschlag Tage/Monat

HEIDELBERG FEELING

ZUM EINSTIMMEN & AUSKLINGEN

LESESTOFF & FILMFUTTER

📖 BUMMEL DURCH EUROPA

Nicht nur Goethe war in Heidelberg – auch Mark Twain machte seine Erfahrungen am Neckar. Besonders das Studentenleben und „Die schreckliche deutsche Sprache" – so heißt das Kapitel im Buch – hatten es ihm angetan. (1880)

📖 HERKUNFT

Saša Stanišić kam als Jugendlicher aus Bosnien nach Heidelberg und jobbte u. a. im Café Burkardt. 1992 kannte er kein deutsches Wort außer „Lothar Matthäus" – 2019 gewann er mit „Herkunft" den Deutschen Buchpreis.

🎥 ALT-HEIDELBERG (THE STUDENT PRINCE)

Ein fiktiver Thronerbe lernt in Heidelberg die Freiheit kennen. Die amerikanische Operette aus den 1920er-Jahren basiert auf einem deutschen Schauspiel von 1901 und wurde 1954 als Musical verfilmt. Klassiker!

🎥 ISI & OSSI

Armer Mannheimer trifft reiche Heidelbergerin. Der erste deutsche Netflix-Spielfilm (2020) bringt Romeo und Julia in die Kurpfalz und lässt dabei kein Klischee aus. Stark überzeichnet, aber amüsant.

PLAYLIST ZEITREISE

0:58

HEIDELBERG, DU JUGENDBRONNEN
Was wäre Heidelberg ohne seine Studentenlieder? (1888)

▶ **GOTTLOB FRICK – ALT HEIDELBERG**
Der große Bassist singt die Vertonung des Scheffel-Gedichts (1961)

▶ **PEGGY MARCH – MEMORIES OF HEIDELBERG**
Achtung, Ohrwurmalarm!

„Memories of Heidelböörg sind memories of you …" (1968)

▶ **TORCH – BLAUER SAMT**
Einziges Soloalbum des Heidelberger Hip-Hop-Urgesteins (2000)

▶ **#NURDIEBE**
„Schnapp' mir deine Perle wir sind klepto" – Heidelberger Kultbeitrag zu den Medimeisterschaften (Sportfestival europäischer Medizinstudenten). Mit fettem Video! (2018)

Den Soundtrack zum Urlaub gibt's auf **Spotify** unter **MARCO POLO Baden-Württemberg**

Oder Code mit Spotify-App scannen

AB INS NETZ

LOEFFELMETER.DE
Wo werde ich satt? Das fragt sich das Team von Löffelmeter fast täglich und haut eine Restaurantbewertung nach der anderen raus – von der Imbisstheke bis zum Sternerestaurant. Löffelmeter-geprüft? Dann nichts wie hin!

ABOUTHEIDELBERG.DE
Jung, lokal und immer am Ball: Dein Portal, wenn du wissen willst, was am Wochenende in Heidelberg passiert und was sonst in der Stadt gerade so angesagt ist. Mit Event-Planner, Merchandising-Shop und vielem mehr

UNTERFREUNDENBLOG.COM
Als Mitglied des Bloggerkollektivs „Rhein-Neckar-Blogger" zeigt Marion Paulus spannende Seiten der Region. Zusätzlich schreibt sie über Rezepte und DIY. Leseempfehlung: „Mein Heidelberg – 11,5 Tipps für Eure Städtereise!"

HEIDELMAG.DE
In ihrem Blog berichtet Marlen Schneider (Autorin dieses Reiseführers) über kulinarische Eskapaden, spannende Events und ungewöhnliche Orte in und um Heidelberg

TRAVEL PURSUIT
DAS MARCO POLO URLAUBSQUIZ

Weißt du, wie Heidelberg tickt? Teste hier dein Wissen über die kleinen Geheimnisse und Eigenheiten von Stadt und Leuten. Die Lösungen findest du in der Fußzeile. Und ganz ausführlich auf den S. 20–25.

❶ **Wo versammeln sich die grünen Halsbandsittiche jede Nacht?**
a) in der Unterführung am Adenauerplatz
b) auf den Bäumen am Hauptbahnhof
c) in der Unteren Straße

❷ **Wohin führt der Schlangenweg?**
a) in den Heidelberger Zoo
b) in den Botanischen Garten
c) zum Philosophenweg

❸ **Wie viele Studierende gibt es ungefähr in Heidelberg?**
a) ca. 15 000
b) ca. 30 000
c) ca. 45 000

❹ **Welches Tier streckt dir an der Alten Brücke sein Hinterteil entgegen?**
a) Affe
b) Maus
c) Hase

❺ **Aus welchem Grund kommen besonders viele arabische und russische Touristen nach Heidelberg?**
a) Medizintourismus
b) Shopping
c) Chillen auf der Neckarwiese

❻ **Was kann der kurpfälzische Ausdruck „Alla!" bedeuten?**
a) Geh mit Gott!
b) Mach's gut!
c) Pass auf, Freundchen!

Mit der Bergbahn zur berühmtesten Ruine der Welt.

Vom Kornmarkt bis zur Molkenkur und zurück. Inklusive Eintritt für den Schloss-hof, den Fasskeller und das Deutsche Apothekenmuseum.

Mehr unter **bergbahn-heidelberg.de**

REGISTER